HISTOIRE

DES

DÉSASTRES DE L'ALGÉRIE

———✦———

1866 - 1867 - 1868

———✦———

SAUTERELLES. — TREMBLEMEMT DE TERRE

CHOLÉRA. — FAMINE

par

L'Abbé BURZET

CURÉ DE CHEBLI (ALGÉRIE)
MEMBRE DE L'ASSOCIATION SCIENTIFIQUE DE FRANCE

———✦———

ALGER
IMPRIMERIE CENTRALE ALGÉRIENNE. — USINE A VAPEUR
EUG. GARAUDEL

—

1869

A MONSIEUR LE GÉNÉRAL JUGE

Officier de l'Ordre Impérial de la Légion d'honneur, chevalier de l'Ordre des SS. Maurice et Lazare, commandeur de l'Ordre du Christ, etc., etc.

MONSIEUR LE GÉNÉRAL,

En écrivant l'*Histoire des désastres de l'Algérie*, de 1866 à 1868, j'ai voulu vous présenter, réunis en un seul volume, les malheurs de notre Colonie algérienne pendant ces trois années, avec tous les détails dont j'ai été témoin moi-même et ceux que j'ai puisés à des sources publiques.

BURZET.

I

SAUTERELLES

I

Invasions des Sauterelles

Les sauterelles sont, en général, connues de tout le monde. Leur vol est peu étendu. Il en est cependant parmi elles qui, sans être mieux organisées que les autres, ont les ailes plus développées ; ce qui leur permet d'entreprendre des courses lointaines. Aussi leur a-t-on donné le nom de *sauterelles voyageuses*. Elles habitent quelques contrées méridionales de l'Orient, le sud de l'Égypte, de la

Tunisie, de l'Algérie, du Maroc, sur les confins du désert, où, sous certaines influences favorables à leur propagation, elles se multiplient quelquefois d'une manière prodigieuse.

Lorsque leur nombre, devenu trop considérable, a épuisé toute la végétation du pays où elles vivent, ne trouvant plus de quoi satisfaire leur appétit vorace, elles émigrent en bandes incommensurables, toutes ensemble comme à un signal donné. Dans leurs voyages aériens, elles s'aident ordinairement de l'action du vent. Cependant on les voit quelquefois lutter directement contre le vent, ou bien louvoyer lorsque le vent est contraire, se dirigeant toujours vers le Nord, où leur instinct leur fait pressentir une nourriture abondante.

Dans ces migrations, elles volent à une assez grande hauteur, si rapprochées les unes des autres qu'elles produisent parfois l'effet d'un épais nuage; d'autres fois, on dirait une neige abondante tourbillonnant dans les airs et tombant à gros flocons sur la terre. Leur arrivée dans une contrée fertile la change tout-à-coup en un désert aride; leur passage réduit souvent des régions entières à la disette la plus affreuse. Leur mort même n'est pas un bienfait; car leurs corps amoncelés, échauffés par le soleil, ne tardent pas à entrer en putréfaction, et leurs exhalaisons occasionnent parfois des maladies contagieuses qui font d'innombrables victimes parmi l'espèce humaine. Aussi les peuples ont consigné dans les pages de leur histoire, les funestes invasions de ces insectes dévastateurs.

La Bible, c. X de l'Exode, rapporte que pour la septième plaie d'Egypte, Dieu, par l'entremise de Moïse, fit venir des sauterelles sur tout le pays d'Egypte, qu'elles couvrirent entièrement par leur

nombre ce même pays où elles avaient été ame-
nées par un vent d'Orient, et d'où elles furent enlevées par un vent d'Occident, lorsque le Pharaon
qui régnait alors, eut promis de laisser partir le
peuple israélite. Le prophète Joel fait, chapitres 1
et 2, une description saisissante de l'invasion des
sauterelles, Le nom d'*Arbet*, était celui sous lequel
les Hébreux désignaient ces insectes. Au rapport
de Pline, il existait dans quelques contrées de la
Grèce, une loi qui enjoignait aux habitants de détruire ces insectes sous les trois états d'œuf, de larve
et d'insecte parfait. Dans l'île de Lemnos en parti-
culier, chaque citoyen devait fournir dans l'année
une certaine quantité de criquets. Et si la Grèce,
où ils portaient le nom d'*acris*, eut anciennement
à souffrir des ravages de ces insectes, des faits semblables ont encore été observés plus récemment. On
parle de légions romaines employées à la destruction des sauterelles, qui, chez les Latins, portaient
le nom de *locusta*, dans le Nord de l'Afrique. Le
Nord de l'Afrique et l'Orient semblent avoir été de
tout temps les deux pays les plus exposés aux atta-
ques de ces ennemis de l'espèce humaine ; et Oré-
tius nous apprend qu'en l'an 800, tout vestige de
végétation disparut de la surface de la terre par
leur présence. Les auteurs de cette destruction furent ensuite entraînés dans la mer, et leurs corps,
rejetés sur les côtes, répandaient une odeur aussi
infecte qu'auraient pu le faire les cadavres d'une
nombreuse armée. On prétend même, sur le rapport de St-Augustin, qu'une *peste*, occasionnée par
une semblable cause, détruisit dans le royaume de
Numidie et dans les parties voisines, une population de *huit cent mille* hommes. Mais l'Afrique ne
fut pas la seule partie du globe que désolèrent les

sauterelles ; l'Europe eut également son tour. —
L'an 170 avant l'ère chrétienne, d'innombrables
masses de ces orthoptères auraient dévasté tous les
champs des environs de Capoue. Tout le Nord de
l'Italie et le Midi de la Gaule l'auraient été également l'an 181 de notre ère. On cite une apparition
de ces insectes qui eut lieu en Italie, dans l'année
591 après J.-C.; et *l'odeur qu'exhalèrent les corps
amoncelés enleva*, dit Mouffet, *un nombre prodigieux
d'hommes et de bestiaux* dans le territoire de Venise,
envahi par ces insectes : *il se déclara aussi une famine qui fit périr*. dit-on, *trente mille hommes*. —
En 1600, ce fut le tour de la Russie méridionale,
de la Pologne et de la Lithuanie ; la Moldavie, la
Valachie, la Transylvanie, la Hongrie et de nouveau la Pologne furent inondées, pendant les années
1747 et 1748, par de semblables bandes de criquets. — L'année suivante, 1749, ils pénétrèrent
jusqu'en Suède, et l'on raconte que Charles XII,
étant en Bessarabie, se crut assailli par un ouragan
accompagné d'une grêle effrayante, lorsqu'une
nuée de sauterelles s'abattit sur son armée, couvrant à la fois hommes et chevaux, et l'arrêta dans
sa marche : telle fut, dans cette invasion, la prodigieuse quantité de criquets, qu'on les a comparés à
la chute de la neige ou bien à un nuage de fumée
qui se déployait rapidement, et tout, dans les pays
où ils se montrèrent, eut bientôt l'aspect de la plus
affreuse désolation. Après avoir détruit les herbes
et les plantes les plus tendres, ils s'attaquèrent aux
feuilles des arbres et jusqu'à leur écorce. La Transylvanie fut de nouveau dévastée en 1780, et,
quoique l'on employât *quinze cents* personnes à recueillir les œufs des sauterelles et que chacune d'elles
en remplît un sac, on ne remarqua cependant point

de diminution dans leur nombre l'année suivante. En 1780, le royaume du Maroc éprouva les ravages terribles de ces criquets, qui y occasionnèrent une *famine* affreuse ; *les pauvres erraient*, dit-on, *par la contrée pour déterrer les racines des plantes, et cherchaient même dans la fiente des chameaux les grains d'orge qui n'avaient pas fermenté pour s'en nourrir ; les chemins et les rues des villes étaient jonchés de cadavres.* — Barrow et Levaillant, chacun de leur côté, dans leurs voyages au Sud de l'Afrique, parlent de semblables calamités arrivées de temps en temps, de 1784 à 1797. — D'après Jakson, en 1799, les criquets voyageurs couvrirent toute la surface de la terre, de Mogador à Tanger; toute la région qui confine au Sahara fut ravagée, tandis que de l'autre côté de la rivière El-Kos, on ne vit aucun de ces insectes. Quand le vent vint à souffler, ils furent poussés dans la mer, puis rejetés à la côte, et occasionnèrent par leur infection une *peste* qui désola une grande partie de la Barbarie. Quand ce fléau eut cessé, les ravages des criquets furent suivis d'une abondante récolte.

Le nom scientifique des sauterelles voyageuses est *criquet*. En Algérie, on désigne sous le nom de *sauterelle*, cet insecte à son état parfait ; et on appelle *criquet* cet insecte depuis son éclosion jusqu'à sa dernière transformation.

II

Invasion des sauterelles en Algérie, en 1866

La plaine de la Mitidja se déroulait en un immense tapis de verdure émaillé des fleurs les plus brillantes et les plus variées. La végétation était dans toute sa splendeur. Les blés, déjà en épis. donnaient les plus belles espérances. Les lins étalaient leurs pétales aux couleurs d'un bleu tendre; on aurait dit, de loin en loin, un lac paisible reflétant l'azur des cieux dans ses ondes immobiles. Les colzas dressaient, sur de vastes espaces, leurs hautes tiges d'un vert pâle, couronnées de nombreuses fleurs dorées. La vigne montrait ses premiers raisins, dont la vue épanouissait le sourire sur les lèvres constamment desséchées dans ces climats par une soif sans cesse renaissante. Toutes les cultures s'annonçaient sous les plus heureux auspices. Le colon trouvait un doux repos à ses durs labeurs, en contemplant ces richesses qu'il allait cueillir à pleines mains, lorsqu'un bruit sinistre, parti des confins du désert, se répandit avec la rapidité de l'éclair dans toute la colonie. Les sauterelles avaient commencé leurs migrations vers le Nord. Les pluies d'hiver avaient été peu abondantes dans le Sud. La terre ne s'était couverte que d'une rare végétation, Après avoir dévoré jusqu'au dernier brin d'herbe, les sauterelles allaient demander leur pâture aux contrées moins arides, moins désolées.

Le 13 avril, elles fondaient sur Boghar, en légions innombrables. Leurs ravages furent aussi prompts que désastreux. On aurait cru que la faux ou un troupeau affamé avait dévasté le sol sur lequel se jetaient comme une avalanche les nuées compactes de ces insectes.

Ces champs riches d'orge et de blé, seul espoir les Arabes de la montagne, la veille encore, promettaient un abondant produit; le lendemain, ils étaient privés complètement de leurs récoltes, et n'offraient plus que l'image de la plus affreuse dévastation.

Les sauterelles, poursuivant leur marche irrésistible vers le Nord, s'avançaient en colonnes serrées, répandant partout la même désolation, les mêmes ravages. Sur tous les points où elles se fixaient, elles déterminaient des dégâts irréparables, en broutant l'herbe et les céréales jusqu'à la racine, de sorte que, à la place de cette splendide végétation dont la campagne était partout parée à cette saison avant leur arrivée, on ne voyait plus après elles qu'un sol triste et dénudé de culture.

Le 22 avril, leurs bataillons épais franchissant les cîmes de l'Atlas, planaient sur les vastes champs de la Mitidja. Les colons instruits aux premiers jours de leur marche envahissante, des ravages qui marquaient partout leur passage, s'étaient néanmoins bercés de l'espoir d'échapper à leur désastreuse visite ; ou du moins ils pensaient pouvoir préserver leurs récoltes de leur voracité. Mais à la vue de leurs masses profondes, tourbillonnant dans les airs à la hauteur où s'élèvent communément les hirondelles, semblables à une poussière épaisse agitée en tous sens par un vent impétueux, ils furent frappés de stupeur.

Ces bandes immenses se développèrent peu à peu dans l'espace, menaçantes et affamées sur une étendue de plus de 50 kilomètres de largeur. S'abaissant d'heure en heure, elles ne tardèrent point à s'abattre dans la plaine, et à se jeter sur les récoltes pour assouvir leur faim.

Les colons contemplaient, désespérés, les évolutions de ces insectes petits, faibles, mais si redoutables par leur nombre prodigieux. Ils les voyaient arriver, arriver toujours, se succédant sans interruption, volant dans les champs, s'élevant ou se posant à des intervalles très-rapprochés, soit pour manger, soit pour réparer leurs forces épuisées. Cette première impression de stupeur ne tarda point à se dissiper, et les colons, quoique peu convaincus du succès, ne voulurent point laisser dévorer, paisibles spectateurs, les fruits de leurs fatigues et de leurs sueurs. Ils se précipitent dans les champs hommes, femmes, enfants, tous courent, vont et viennent partout où les sauterelles s'abattent, et les forcent à fuir vers des lieux où elles seront moins troublées dans leurs repas.

Cette chasse commencée vers les 10 heures du matin, dura jusqu'à 5 heures du soir. A ce moment les ailes des sauterelles mouillées par l'humidité de l'air, ne leur permirent plus de voler. Alors on les vit se réunir en tas dans les champs non cultivés; le sol présentait en certains endroits une couche de ces insectes de plusieurs centimètres d'épaisseur. Les broussailles ne laissaient apercevoir aucune feuille, et les arbres en étaient tellement surchargés que souvent des branches d'olivier cassèrent sous leur poids.

Dans les cultures d'où elles n'avaient pas été chassées, elles grimpaient sur les tiges de blé, le long des plantes de maïs, sur les feuilles des pommes de terre, et les dévoraient avec une effrayante avidité. J'ai compté jusqu'à *deux cents* sauterelles sur une seule tige de colza.

Le lendemain vers 9 heures, le soleil ayant séché leurs ailes mouillées de rosée, les sauterelles reprirent leur vol. Les colons, encouragés par le succès de la veille, se remirent à l'œuvre, et à mesure que les nouvelles bandes arrivaient aussi nombreuses que les premières, suivant toujours leur marche vers le Nord, se levant, se posant également par intervalles, ils les chassaient devant eux comme des nuages de poussière jusqu'à 5 heures du soir ; à ce moment encore l'humidité ne permit plus à ces insectes de voler.

Pendant dix à quinze jours, les colons, aidés des soldats que l'Administration avait envoyés à leur secours, eurent à lutter contre ces ennemis dont les énormes avalanches qui s'avançaient et grossissaient toujours comme des flots vivants et dévastateurs, épouvantaient et confondaient l'imagination.

III

Chasse, destruction, ravages des sauterelles

Pour préserver les récoltes des ravages des sauterelles, on employa toutes sortes de moyens. Il fallait les empêcher de s'abattre sur les champs ou les chasser dès qu'elles s'étaient posées. On allumait de grands feux de paille ou de broussaille de manière à faire le plus de fumée possible, on y ajoutait quelquefois du soufre ; on sonnait les cloches à toute volée ; les enfants armés de longs roseaux qu'ils agitaient avec un chiffon au bout, ou munis d'ustensiles de cuisine qu'ils frappaient les uns contre les autres, gardaient les jardins. Les hommes montaient à cheval, se réunissaient par groupes de cinq à six et munis soit de longs roseaux, soit de fouets, soit d'objets retentissants, se lançaient à travers champs chassant devant eux les nuées de sauterelles qui allaient exercer plus loin leurs ravages. J'ai vu des femmes portant des ceintures de grelots courant, sautant à travers leurs cultures pour les préserver de la destruction. Dans ce va-et-vient continuel de poursuites incessantes contre ces insectes dont les masses se renouvelaient sans discontinuer, on ne cessait de pousser des cris perçants qui se répondaient de tous les points de cette vaste plaine. On tirait des coups de fusil, ailleurs on battait du tambour, on sonnait du clairon, les RR. PP. jésuites de Boufarick faisaient gronder les canons de Sébastopol, don du maréchal Pélissier. C'était un concert immense, étourdissant des sons les plus discordants et les plus étranges.

Je ne crois pas que les sauterelles aient l'ouïe bien délicate, mais leur vue est assez perçante. Lorsque leurs ailes ne sont pas humides, il est très-difficile de les prendre, à cinq ou six mètres de distance, elles fuient l'approche de l'homme. J'ai constaté qu'un long roseau, garni d'un chiffon que l'on agite, est un des meilleurs moyens pour les chasser devant soi : il est à remarquer que lorsqu'un certain nombre de sauterelles se lèvent, des bandes entières s'envolent en même temps, suivent la même direction, comme si elles obéissaient à un appel.

Chaque soir, chaque matin, on mettait à profit les moments où les sauterelles étaient incapables de voler et de fuir pour les détruire. Dans certains endroits, on passait sur les tas qu'elles formaient des rouleaux pesants qui les écrasaient. On entourait de paille les broussailles, les arbres qu'elles couvraient ; on y mettait le feu, et on les brûlait ainsi par milliers. On en remplissait des sacs que l'on portait à l'Administration qui, pour encourager cette destruction, les payait jusqu'à dix centimes le kilo. Dans la commune de Douéra seule on en détruisit environ *cent quintaux* métriques en *quatre jours* ; ce qui, d'après les calculs, représentait *dix millions sept cent dix mille* insectes, que l'on se hâta d'enfouir dans des fosses profondes.

Enfin les sauterelles avaient disparu. Après des fatigues, des efforts inouïs, les colons purent se reposer et mesurer l'étendue de leurs pertes. Un assez grand nombre avaient réussi à sauver une bonne partie de leurs récoltes. Et cependant les dégâts étaient considérables. Les colzas avaient disparu presque partout dès les premiers jours. Les haricots, les pommes de terre n'avaient pu échapper à la dévastation. Les maïs, les patates, les betteraves, les lins étaient conservés. Les avoines, les orges n'avaient pas trop souffert ; les Arabes seuls qui n'avaient pas fait la chasse avaient vu leurs céréales mangées jusqu'à la racine. Les tabacs n'avaient pas été attaqués. La plus grande partie des vignes étaient intactes ; les oliviers, les orangers et autres arbres à fruits n'avaient que peu de mal.

Hélas ! tout n'était pas fini. On avait bien chassé les sauterelles, mais elles étaient allées plus loin préparer de nouvelles calamités aux colons. On en avait bien détruit des quantités considérables, mais il en était resté des masses innombrables dont la reproduction devait causer encore des ravages plus funestes.

IV

Durée de la vie des sauterelles ; Ponte ; Incubation, Eclosion. Mues des criquets.

Dans leurs migrations vers le Nord, les saute-

relles ne cherchent pas seulement à apaiser leur
faim, elles obéissent aussi à l'instinct de propagation. D'un appétit vorace pendant la durée de leur
vie qui est de dix jours environ, quelquefois de
quinze et même de vingt, suivant la quantité plus
abondante ou plus rare de nourriture qui hâte leur
existence, ou la fait traîner en longueur, aussitôt
après la fécondation, elles ne mangent plus ; quelques heures, un jour au plus, et elles meurent. Le
mâle que l'on distingue à sa couleur jaune a accompli toute sa destinée ; la femelle d'une couleur
violacée-vineuse, emploie ses derniers moments
à pondre les œufs qui doivent reproduire l'espèce.
Elle enfonce d'abord la partie postérieure de son
corps dans le sol. Pour rendre cette opération plus
facile, elle choisit un terrain sablonneux. Elle
dépose dans ce trou, à dix centimètres de profondeur, 80 à 90 œufs. Si la terre est trop dure, la
ponte urgente, elle les dépose à une moins grande profondeur, à la surface même, mais ce n'est
que l'exception.

Les œufs sont pondus réunis en une sorte d'épi ;
ils sont accolés les uns aux autres par une matière
agglutinante, sorte de vernis animal, qui recouvre
la masse entière et qui, souvent enduit l'intérieur
du canal souterrain où ils sont déposés.

Les œufs fraîchement pondus sont d'un beau
jaune ; ils deviennent de plus en plus gris, à aspect
terreux, avec le temps ; alors ils ressemblent assez
bien pour la forme, la couleur et presque la gros-
seur à un grain de blé.

Enfouis à cette profondeur de dix centimètres,
ces œufs sont à l'abri des atteintes de beaucoup
d'animaux qui en feraient leur nourriture ; et le
sable, échauffé par le soleil, favorise leur incuba-

tion qui est de dix-huit jours en moyenne. Après
ces dix-huit jours naissent les *criquets*. A leur éclosion, ils ressemblent pour la forme à l'insecte parfait, sauf le manque d'ailes et la couleur qui est
noire. Les criquets grossissent et subissent successivement quatre mues ou transformations qui
durent chacune de huit à neuf jours, avant d'arriver à la dernière qui ramène l'état parfait, Ce qui
fait une durée de trente-deux à trente-six jours
pour cette période de leur existence non ailée. Leur
couleur varie à chaque mue ; ils sont noirs d'abord,
puis gris avec des bandes longitudinales blanches,
puis jaunes avec des bandes brunes. Ce n'est qu'à
la quatrième mue que les rudiments des ailes apparaissent.

Du trente-deuxième au trente-sixième jour,
suivant que la nourriture a été plus ou moins
abondante, ils subissent la cinquième mue ou dernière transformation. On voit alors le criquet, au
moment de quitter sa dernière dépouille pour
prendre les formes parfaites, devenir immobile ; la
teinte rosacée qui se montrait sur le jaune s'accen-
tue davantage. Enfin la peau de la tête se fend
et toutes les parties de l'insecte se dégagent successivement comme si elles sortaient d'un étui. Les
ailes d'abord chiffonnées et humides, se lissent peu
à peu et sèchent. Vingt minutes suffisent pour cette
métamorphose complète. Dès ce moment, l'insecte
devenu apte à se reproduire est arrivé au terme de
son développement. Les sauterelles nouvelles sont
d'un beau rose au commencement. Faibles d'abord
elles ne tardent pas à essayer leurs ailes et à prendre leur vol. Elles s'appendent aux arbres voisins ;
et dès qu'elles sont sûres de leurs mouvements,
elles se répandent en essaims nombreux sur les

propriétés environnantes, et couronnent de leur teinte rosée tous les arbres qui apparaissent comme une plantation de lauriers-roses en fleurs.

Pendant trois jours, elles ravagent les champs voisins des lieux où elles ont opéré leur dernière transformation. Moins affamées à cause de leur faiblesse, elles font moins de dégâts ; cependant à cause de cette même faiblesse, une fois installées dans une vigne ou une culture quelconque, il est difficile de les en chasser.

Enfin, on les voit s'ébranler par légions distinctes, s'élever en masses compactes, monter très haut et partir pour aller où les porte leur instinct renouveler les ravages de leurs mères.

V

Invasions, chasse, destruction des criquets.

La plaine de la Mitidja renferme beaucoup de terrains légers, sablonneux, formés, avec le temps par les rivières qui la traversent du Sud au Nord, et dont les bords eux-mêmes présentent partout un sable fin et profond. Les collines et les mamelons du Sahel sont aussi composés de terres sablonneuses. De nombreux monticules de sable mobile s'étendent le long de la mer. Tous ces lieux offraient donc aux sauterelles un sol facile et propice pour la ponte de leurs œufs.

Les Arabes racontent que le Kalife Omar, à sa table de famille, vit tomber une sauterelle, et il lut sur son aile : « Nous pondons 99 œufs, si nous en pondions 100, nous dévasterions le monde. » Nous avons vu que chaque femelle n'enfouit que 80 à 90 œufs ; ce chiffre est déjà énorme, vu le nombre incalculable de sauterelles échappées à la destruction. Aussi, bientôt tous les terrains un peu sablonneux cachèrent dans leur sein une infinité de ces germes fécondés.

Les colons, qui avaient arraché une partie de leurs récoltes à la voracité des sauterelles, furent bientôt prévenus des nouveaux dangers qui allaient surgir du sein de la terre. L'Administration toujours vigilante les engagea vivement à faire périr ces œufs si menaçants pour un avenir très prochain. Elle offrit même des primes pour cette destruction. Certaines municipalités payèrent jusqu'à 5 francs le kilo les œufs des sauterelles ; on compte *cent douze mille* œufs dans un kilo. A Philippeville, du 28 mai au 1ᵉʳ juin, c'est-à-dire en *quatre* jours, près de *douze quintaux* métriques de ces œufs furent ramassés. Ces douze quintaux, jetés à la mer, représentaient le chiffre fabuleux de *cent vingt-huit millions quatre cent soixante-quatre mille* criquets détruits en germe.

Dans certaines localités, on labourait les terrains suspects pour mettre les œufs à découvert, puis on passait des rouleaux pour les écraser.

Malgré ces précautions, bientôt se répandit le bruit sinistre que les criquets venaient d'éclore sur une infinité de points à la fois. Les colons se montrèrent d'abord peu inquiets de ces nouveaux venus ils étaient si petits. Un insecte noir qui se mouvait à peine, gros comme une fourmi, ne paraissait pas bien redoutable. Hélas! les criquets grandirent ; comme les sauterelles, ils se réunirent en groupes et se jetèrent sur les lieux couverts de verdure. Bientôt,

massés en bandes innombrables, ne volant pas
parce qu'ils étaient encore dépourvus d'ailes, mais
marchant lentement, sautillant parfois, ils par-
tirent de toutes les directions, de tous les points de
la contrée. Ils avançaient en bataillons serrés
souvent d'une longueur considérable ; nul obstacle
ne les arrêtait, ni canaux, ni rivières, ni mu-
railles ; ils grimpaient, ils nageaient, ils franchissaient tout sans dévier de leur direction première, se
développant par un mouvement de roulement ana-
logue à celui d'une vague ou d'une toile sans fin.

J'ai vu une colonne de ces criquets, large de plus
de trois mètres, descendant un terrain légèrement
en pente, semblable à une nappe d'eau qui coule
lentement. C'était près d'une gare du chemin de
fer ; un fossé plein d'eau ne les arrêtait pas ; ils
sautaient, nageaient, arrivaient à l'autre bord,
remontaient le talus du chemin de fer, et s'en-
gageaient sur la voie, la couvrant dans toute
sa largeur. Suivant l'expression du prophète Joel,
on aurait dit une cavalerie en marche. La tête de
la colonne était à plus de 6 kilomètres et l'on ne
voyait pas encore la fin. Ils grimpaient sur les
murs de la maison du garde barrière et la garnis-
saient jusqu'à la toiture. On ne pouvait ouvrir
la porte ou les fenêtres sans voir aussitôt la maison
inondée de ces terribles envahisseurs. Le petit
jardin attenant à la gare, couvert d'arbustes et de
fleurs, avait disparu en moins de deux heures sous
leur dent vorace. Tout le temps que dura cette
avalanche, les locomotives furent armées de balais
qui dégageaient les rails sur leur passage.

On n'entendit bientôt parler que de leurs ravages
effrayants. Il fallut combattre ce nouvel ennemi. On
mit en œuvre toutes sortes de moyens pour les dé-

truire. On creusait sur leur route des trous larges et profonds ; les bords étaient garnis de plaques de fer blanc. Les criquets sautaient dans le trou et ne pouvaient remonter ; dès qu'ils l'avaient rempli, on les recouvrait de terre.

Lorsqu'ils traversaient les canaux, le courant les entraînait assez loin avant qu'ils pussent atteindre le bord ; on profitait de cette circonstance pour les recueillir avec des cribles et on en remplissait des sacs que l'on portait à l'administration qui les payait d'abord 2 fr. 50 puis 5 francs le quintal métrique. A Médéah, trente soldats en avaient ramassé, en trois jours, *trente-six* quintaux 430 criquets, âgés d'environ huit jours, pèsent 40 grammes ; ce qui donne 17,200 par kilog. et 1,720,000 par quintal. Ainsi trente hommes, en trois jours, en avaient détruit *soixante-deux millions*.

On avait reconnu qu'il était aisé de diriger leur colonne dans une certaine limite sur un point ou sur un autre. Cette particularité fut mise à profit ; s'il se trouvait une broussaille assez grande près de la route qu'ils suivaient, on se réunissait pour les amener en cet endroit ; alors ils s'entassaient sur la broussaille, et on y mettait ensuite le feu.

C'était surtout le soir et le matin que l'on employait le feu pour les détruire. La fraîcheur de la nuit semblait engourdir les criquets qui se groupaient en tas de quatre à cinq mètres de largeur, ou bien ils grimpaient sur les arbres qu'ils envahissaient de manière à ne laisser apercevoir ni feuilles, ni branches, ni tronc. Ils restaient ainsi jusqu'au lever du soleil. On étendait de la paille sur les criquets, on en faisait des tas sous les arbres et on y mettait le feu. Cet amas d'insectes était quelquefois d'une telle épaisseur que beaucoup de ceux qui étaient sous les autres n'étaient pas brûlés.

A Rivoli, le sol était jonché de criquets ainsi brûlés sur une étendue de plus de *dix mille mètres carrés*, et sur une épaisseur qui atteignait en quelques endroits *vingt* centimètres. On évaluait à *soixante quintaux* la totalité des criquets détruits en *deux jours* dans cette seule localité.

Dans l'arrondissement de Blidah, la masse de ces insectes était tellement considérable que les soldats ou les colons en détruisaient en moyenne *cinquante à soixante* quintaux, c'est-à-dire, plus de *cent millions* par jour.

Je crois que si on avait partout employé un moyen facile dont j'avais usé, on se serait épargné beaucoup de peines et de dégâts On aurait prévenu la ponte d'une myriade de ces insectes dévastateurs. Dès l'arrivée des sauterelles, soir et matin, au moment où elles ne pouvaient plus voler, je conduisais une vingtaine d'enfants chargés de ramasser chacun cent femelles. Chaque enfant ramassait ainsi deux cents femelles par jour ; ce qui donnait un total énorme de *quatre cent mille* œufs ou criquets en germe détruits chaque jour par vingt enfants sans fatigue et sans frais.

L'époque encore la plus favorable et la moins dispendieuse pour détruire les criquets est aux premiers jours de leur éclosion. Il faut surveiller les endroits sablonneux. En naissant, les criquets ont l'instinct de se réunir en bandes. Le soir, ils se groupent dans des anfractuosités du sol, sous des touffes d'herbes, de broussailles, en masses compactes, immobiles pendant le froid et l'humidité dela nuit. Vu leur petitesse, ils tiennent d'abord fort peu de place, vingt centimètres carrés tout au plus.

Alors on jette sur eux quelques poignées de paille et on les brûle facilement par milliers, avant qu'ils aient commencé leurs ravages.

Pendant le jour, à cause encore de leur petitesse, ils marchent en colonnes très peu étendues, s'avancent très lentement, et comme on peut facilement les diriger, on fait un tas de paille et on les y amène, ils ont bientôt tous disparu dans les flammes. Ce moyen facile et peu dispendieux aux premiers jours de leur naissance, devient fatiguant et très coûteux lorsqu'on les a laissé grandir.

J'ai rencontré un jour, sur les bords de l'Harrach, un de ces groupes que je conduisis à la rivière comme un troupeau de moutons, croyant les noyer ; entraînés par le courant, ils regagnèrent le bord un peu plus bas. Aucun, j'en suis sûr, ne manquait à l'appel.

VI.

Ravages des criquets

Les criquets sont d'une voracité telle qu'ils se dévorent entr'eux. S'il en est qui dans la marche deviennent invalides par un accident quelconque, ils les mangent impitoyablement. On peut facilement en faire l'expérience ; il suffit de prendre un de ces insectes, de lui couper une patte et de le jeter au milieu des autres, cinq ou six se précipitent aussitôt sur lui et le dévorent en un clin d'œil.

Leurs ravages sur les récoltes sont beaucoup plus terribles que ceux des sauterelles. A mesure qu'ils grandissent et qu'ils passent par leurs diffé-

rentes mues, leur voracité devient de plus en plus
effrayante. Dans certaines localités, où l'on avait
préservé les principales cultures des dégâts des
sauterelles, il ne fut pas possible de rien arracher
à leur dévastation. Dès qu'ils paraissaient sur un
point, en moins d'une demi-heure, il n'y avait plus
ni feuilles, ni écorce sur les arbres envahis.
Le peuplier, l'abricotier, le figuier, le cédratier,
l'oranger, l'olivier même, attaqués par les criquets,
ne présentaient bientôt plus que des squelettes aux
ossements blanchis. Sur les arbres à fruits, ils
rongeaient les fruits et ne laissaient sur l'arbre
que les noyaux. Aucune récolte ne résistait à leur
faim. Là où verdoyaient les champs de tabac et de
maïs, il n'y avait bientôt plus pour l'œil attristé
que nudité et désolation. Les vignes qui laissaient
encore naguère courir sur le sol leurs pampres
chargés de fruits, n'étaient plus que d'informes
troncs bizarrement contournés. Tout était dévoré
par cette affreuse vermine qui accomplissait ram-
pante et silencieuse son œuvre de destruction. Cet
affreux état de choses pouvait se traduire par ces
deux mots : disette, famine. Au milieu de ce bril-
lant soleil d'été, l'œil attristé ne voyait partout
que le spectacle froid et désolé de la campagne aux
jours d'un hiver rigoureux et glacé.

Dans les maisons, où les criquets s'introduisaient
par la toiture quand ils ne pouvaient arriver par
la porte et les fenêtres que l'on tenait hermétique-
ment fermées, ils dévoraient jusqu'aux rideaux.

VII.

Disparition des sauterelles

Les bandes immenses de sauterelles qui partent du désert s'étendent quelquefois sur des espaces de plus de 80 kilomètres de largeur. Pendant leur migration, il en meurt des quantités considérables arrivées au terme de leur existence. D'autres, entrainées par la violence des vents, sont précipitées dans les rivières où elles se noient. J'ai compté jusqu'à deux cent cinquante de ces insectes passant chaque minute, sur une surface de cinquante centimètres, dans un canal où ils s'étaient noyés. Leurs corps sont dévorés par les animaux, ou bien on est obligé de les enfouir, autrement ils infectent l'air et préparent des épidémies meurtrières.

Nous avons dit que leur marche tend d'une manière irrésistible vers le nord. C'est à cette circonstance surtout que l'on doit d'être complètement délivrés de leurs bandes incalculables. Entraînées par la force des vents, elles sont en général portées au large, et elles tombent dans la mer où elles se noient. Un vaisseau fut retenu, en 1811, par un calme complet à deux cents milles des îles Canaries, qui étaient la terre la plus voisine, et se trouva enveloppé par une nuée de grosses sauterelles. Il s'éleva un léger vent du nord-est, et en même temps, il tomba une quantité innombrable de ces insectes qui couvraient le pont, les hunes et, en un mot, toutes les parties du bâtiment sur lesquelles elles purent se poser. Loin d'être épuisées,

comme on aurait pu le croire, elles s'élançaient
en l'air au moment où l'on pensait n'avoir qu'à les
prendre ; le vent fut très faible durant une heure
entière, et les sauterelles ne cessèrent pendant ce
temps de tomber sur le navire. Une quantité considérable se noya dans la mer, où on les voyait
flotter de toutes parts. Nul doute que les poissons
n'en dévorent des milliers, mais leur nombre est si
grand que la mer en rejette sur ses bords des
masses dont les cadavres amoncelés engendre-
raient par leur putréfaction des miasmes pestilen-
tiels, si on ne les enfouissait pas à une certaine profondeur.

Beaucoup d'animaux mangent les sauterelles,
les oiseaux, les lézards, les cochons, les chiens, les
chats en font une grande consommation dans les
basses cours; les poules, les canards, les oies se précipitent avidement sur celles qui passent à leur
portée.

L'homme même ne les dédaigne pas. Nous
voyons St-Jean dans le désert se nourrir de miel
sauvage et de sauterelles.

On disait un jour au Kalife Omar : — Que
pensez-vous des sauterelles? — « Que j'en voudrais
un plein panier. » Un jour elles lui manquèrent. A
grand peine un serviteur lui en trouva une, et re-
connaissant et charmé, il s'écria : Dieu est grand !

Quelques peuplades arabes font de ces insectes,
un objet de nourriture et de commerce ; ils les ra-
massent en grand nombre, les font sécher et servir
à former une espèce de pain destiné à suppléer aux
récoltes peu abondantes, et ces denrées figurent
même sur les marchés. Dans certaines contrées,
les enfants et les femmes les enfilent en chapelets
pour les vendre.

Suivant quelques voyageurs, on fait rôtir les sauterelles sur des charbons ardents, après leur avoir enlevé les pattes, les ailes, et, dit-on, les intestins. Un homme peut en manger deux cents dans un repas. Il y a plusieurs manières d'assaisonner ces insectes ; il paraît que celle qui en fait un mets délicat consiste à les faire d'abord bouillir dans l'eau, et à les faire frire dans le beurre.

L'opinion de ceux qui ont mangé des sauterelles varie sur le plus ou moins de saveur et de goût que leur présente ce mets. La plupart des Européens qui en ont fait usage disent qu'il est loin d'être savoureux. J'ai mangé moi-même des sauterelles crues, elles ont un certain goût de crevettes, j'ai goûté aussi des criquets cuits, je ne leur ai trouvé aucune saveur.

On a prétendu que l'usage journalier de cet aliment occasionnait plusieurs maladies ; mais quelques voyageurs. loin de dire que ces insectes peuvent faire mal, assurent que leur usage engraisse l'homme.

VIII

Secours aux victimes des sauterelles

Dès le commencement de l'invasion des sauterelles, l'Administration envoya contre ces ennemis d'une nouvelle espèce tous les soldats des garnisons. Ces hommes faits à tous les métiers, à tous les travaux rendaient de grands services en aidant les colons à chasser les sauterelles de leurs cultures, et surtout en détruisant des quantités considé-

rables de ces insectes. Ils débarrassèrent les cours
d'eau, les canaux, quelquefois obstrués, encombrés
par les masses qui s'y étaient noyées, et dont les
corps en putréfaction pouvaient infecter les eaux.
Ils creusèrent aussi des fossés quelquefois d'une
très grande longueur pour enfouir ces corps et
prévenir, s'il eût été possible, les exhalaisons pernicieuses qui avaient autrefois fait de si nombreuses victimes.

A la nouvelle des désastres occasionnés par ce
fléau, des souscriptions s'ouvrirent en Algérie et
enFrance pour venir en aide aux victimes, et apporter un dédommagement à leurs pertes si énormes.

Les Arabes, à l'arrivée des sauterelles, s'étaient
mis fort peu en peine de les chasser de leurs blés,
de leurs tabacs. C'eût été trop fatiguant, trop pénible pour leur paresse. Nonchalamment couchés
sur la terre nue, ou étendus sur une mauvaise natte
de paille, ils trempaient de temps en temps leurs
lèvres dans leur tasse de café ; à travers les lentes
bouffées de fumée qu'ils aspiraient de leur pipe à
long tuyau, ils regardaient indifférents les sauterelles s'abattre du matin au soir sur leurs maigres
cultures. Si on leur demandait pourquoi ils ne tra-
vaillaient pas à les chasser, ils répondaient : « Celui
qui a envoyé les sauterelles, les fera partir, c'était
écrit, *mektoub*. » J'en ai vu un qui, prenant entre
ses doigts une des premières arrivées et l'approchant de ses lèvres, lui dit sérieusement : « Je
ne te fais point de mal, je te rends la liberté, ne me
fais pas de mal à moi. » Et il s'accroupit plein de
confiance, croyant avoir ainsi conjuré le fléau. Le
lendemain tout son blé était dévoré.

Quelques-uns d'entre eux cependant, voyant les
Européens réussir à préserver leurs récoltes, vou-

lurent suivre leur exemple. Ils montraient dans cette occupation autant de mollesse que dans leurs autres travaux. Ils allumaient quelques feux ; ils agitaient des broussailles, secouaient les pans de leur burnous et poussaient quelques cris. Il y eut même des femmes arabes qui parcoururent leurs champs en faisant entendre la note aiguë et monotone de leurs *you you* prolongés, et qui essayèrent de chasser par leurs cris et gestes ces insectes destructeurs. Ils sauvèrent ainsi un peu de leurs blés, de leurs tabacs; mais ces travailleurs furent le très-petit nombre.

Les sommes provenant des souscriptions furent indistinctement réparties entre les Européens et les Arabes qui dûrent voir dans cette générosité la légitime récompense de leur paresse, ou plutôt l'obligation que semblaient vouloir s'imposer leurs vainqueurs de les entretenir dans les douceurs de leur *far niente* habituel.

II

II

TREMBLEMENT DE TERRE

I.

Cause des tremblements de terre.

La terre, qui nous paraît si ferme et si stable à sa surface, éprouve, dans certaines circonstances, des secousses plus ou moins violentes qui l'agitent et l'ébranlent sur des espaces quelquefois très-étendus. La force de ces commotions est souvent assez

puissante pour déplacer des masses énormes ;
former des exhaussements, creuser des abîmes, renverser en quelques secondes des édifices, des villes
entières. Les savants ont assigné plusieurs causes
à cet étrange phénomène, connu sous le nom de
Tremblement de terre. Les uns prétendent que ce
sont les premières manifestations d'un volcan en
voie de formation. Les autres disent que ce sont
les derniers signes de vie d'un volcan qui s'éteint.
Il en est qui les regardent comme le résultat de
volcans, même lointains, en activité ou sur le point
de projeter au dehors de nouvelles matières. On
attribue encore les tremblements de terre à des
éboulements produits par l'infiltration des eaux,
dans des cavernes immenses qui existeraient dans les
profondeurs du sol.

Quelles que soient les véritables causes de ces
perturbations, parfois si désastreuses, nous ferons
remarquer que, depuis les premiers âges du monde
jusqu'à nos jours, toutes les contrées du globe, et
principalement les terres voisines de la mer, ont
été sujettes à ces accidents terribles. Quatre siècles
environ avant l'Ere Chrétienne, Aristote décrivait
ainsi leurs effets : « Tantôt la terre est soulevée de
haut en bas, tantôt il y a un mouvement d'ondu-
lation dans le sol, comme des vagues qui se propa-
geraient dans le terrain devenu fluide. Tantôt le
choc souterrain précipite les objets dans le même
sens ; tantôt il les lance dans les deux sens opposés.
D'autres fois le mouvement se fait en rond, et les
masses atteintes tournent sur elles-mêmes. Il y a
les grandes et les petites oscillations qui font ondu-
ler lentement le sol ou qui l'agitent à coups pressés
t saccadés. »

II.

Principaux tremblements de terre en Algérie

Nous ne mentionnerons pas tous les tremblements de terre dont les peuples ont consacré le souvenir dans leurs annales. D'après les notes histo-
riques, depuis l'an 90 de l'ère Chrétienne seulement, plus de *trois mille deux cent quarante-neuf*
tremblements de terre ont été ressentis dans les
contrées de l'Europe, de l'Asie et de l'Afrique qui
forment le bassin de la Méditerranée. Le nord de
l'Afrique a été très souvent éprouvé par ces commotions qui produisirent quelquefois d'immenses
désastres. St-Augustin dit que par un grand tremblement de terre, il y eut cent villes renversées
dans la Libye. De violentes secousses ont bien des
fois agité le sol de l'Algérie. Nous citerons les principales et les plus récentes.

1716. Le 3 février, Alger éprouva un violent
tremblement de terre. Plusieurs maisons furent
renversées et leurs habitants écrasés sous les décombres. La population épouvantée s'enfuit dans
la campagne. Le 26, nouvelle commotion presque
aussi forte que la première, qui endommagea la
plupart des maisons de la ville demeurées intactes.
A partir de ce moment jusqu'à la fin de juin, les secousses se succédèrent sans interruption. Un grand
nombre de maisons de campagne autour d'Alger
s'écroulèrent.

1790. Depuis un an environ, la partie du litto-
ral, comprise entre Mers-el-Kebir et Mostaganem,

était agitée par des secousses plus ou moins profondes. Dans la nuit du 8 au 9 octobre, une terrible commotion bouleversa la ville d'Oran et la
banlieue. Les trois quartiers de la ville basse, la
vieille Kasba, la Plaza et la marine, furent renversés dans l'espace de quelques secondes. *Mille à
douze cents* personnes périrent. Les secousses continuèrent jusqu'au mois de janvier de l'année suivante.

1819. Au mois de mars, plusieurs secousses,
précédées d'un bruit souterrain, se firent sentir à
Oran et à Mascara. Elles se succédèrent pendant
plus d'une heure. A Oran, il n'y eut que quelques
édifices légèrement lézardés, mais à Mascara,
toutes les maisons furent renversées. Le nombre des
personnes qui demeurèrent ensevelies sous les
ruines fut considérable.

1825. Le 2 mars, par un beau temps, à 7 heures du
matin, on éprouva à Blidah une secousse de tremblement de terre qui dura de 15 à 20 secondes.
Cette ville et deux villages voisins furent entièrement renversés. A la première nouvelle du désastre, le ministre de la guerre s'y transporta avec
un bon nombre d'hommes de sa milice, et y fit
conduire des vivres et des instruments propres à
remuer la terre pour sauver ceux qui seraient sous
les décombres. Des Arabes furent requis pour aider
à déblayer ces ruines. On pressait le travail
surtout où l'on entendait des cris. On put retirer
peu de monde vivant de dessous les décombres. On
sauva un enfant trouvé entre sa mère et sa sœur
écrasées. L'enfant, âgé de quatre mois, avait son
doigt à la bouche en guise du sein de la mère à
jamais tari. L'agha fit transporter un grand nombre
de tentes pour donner un abri à cette malheureuse

population, et lui fit faire une distribution régu-
lière de vivres. Tous les effets retirés des décombres
furent portés en un même lieu, et l'on menaça tous
les voleurs de la potence ; en un seul jour on en
pendit *cent quatre*.

A Alger, cette secousse du 2 mars fut moins violente. Toute la ville fut dans l'agitation, redoutant
une seconde commotion qui pouvait faire bien des
victimes. Le lendemain, à 9 heures du soir, de nouvelles secousses se firent sentir dans l'intervalle
d'une heure et demie. Dès lors, la frayeur s'empara
des plus intrépides ; comme on connaissait les dégâts que le tremblement de terre avait occasionnés
à Blidah, dont les maisons étaient basses, tous les
habitants redoutaient d'être ensevelis à Alger,
dont les maisons étaient très élevées, et où il n'y
avait aucune place pour se mettre à l'abri des décombres. Peu de personnes dormirent la nuit. Dès
le grand matin, on voyait les habitants errer çà et
là, la plus grande consternation peinte sur leur figure. Le Dey fit élargir tous les esclaves qui
étaient à la chaîne, et mettre en liberté les prison-
niers pour dettes. Les synagogues et les mosquées
se remplirent des gens qui s'efforçaient de fléchir la
colère du ciel par leurs prières. Hors des portes, on
ne voyait que de gens en fuite ; malgré la pluie des
hommes, femmes, enfants, vieillards s'éloignaient
en larmes, et cherchaient un asile incertain dans
les champs et les jardins. Le vicaire apostolique
alla se réfugier chez le Consul de Sardaigne. Le
plus petit jardin dans les environs d'Alger était
peuplé de vingt à trente réfugiés. Les juifs fuyaient
avec plus de précipitation que les maures. Dans la
nuit du 5 au 6, on ressentit quelques nouvelles secousses, mais moins fortes que les précédentes et

sans qu'elles produisissent aucun dégât, pas plus que les autres.

1839. Le 14 avril, à 2 heures 5 minutes du soir, on entendit à Alger un bruit souterrain, suivi presqu'immédiatement par un ébranlement général des édifices et des maisons. La secousse dura 2 ou 3 secondes. et fut plus violente dans le haut de la ville que dans la partie basse. Quelques maisons s'écroulèrent, mais elles menaçaient ruine depuis longtemps. A Constantine, cette secousse se fit fortement sentir ; à Oran, on n'éprouva rien.

1846. Depuis le 3 novembre jusqu'au 8 décembre, Cherchell fut ébranlé par des commotions presque continuelles. Cette longue convulsion commença par une forte secousse qui arriva le 3 novembre, à 4 heures et demie du matin. A 8 heures, il y en eut une seconde, mais faible. Le lendemain matin, à peu près à la même heure que la veille, les habitants de Cherchell furent éveillés par un violent ébranlement, suivi d'une seconde comme tion plus faible à 8 heures et demie comme la veille Ces différentes secousses furent accompagnées d'un bruit semblable à celui que produit le roulement d'une voiture sur des cailloux. Du 5 novembre au 8 décembre, on compta plus de *trente* commotions. La plus forte fut celle du 22. Comme les deux premières secousses, elle fut suivie de plusieurs autres plus faibles dans la journée. Le phénomène ne cessa complètement que le 9 décembre. Il avait duré trente-cinq jours.

1851. Du 22 au 24 novembre, on ressentit dans la province d'Oran plusieurs tremblements de terre.

A Mascara, le 24, à 9 heures et demie du matin, on éprouva une violente commotion. Les mouvements du sol étaient comparables au tangage et au roulis d'un vaisseau. Il y en eut *trois* successifs. On entendit en même temps une longue et sourde détonation, semblable à une mine qui éclate. Toutes les maisons françaises furent plus ou moins endommagées, trois s'écroulèrent. On n'eut à déplorer la mort de personne ; deux ou trois chevaux seulement furent écrasés. Les animaux étaient frappés de stupeur ; on vit des chiens sauter par les fenêtres.

1856. Du 21 au 25 août, on ressentit aussi plusieurs secousses dans la province de Constantine.

A Philippeville, le 21, l'Eglise, l'Hôtel du commandant supérieur de l'hôpital militaire furent fortement lézardés. On dut par prudence faire évacuer les casernes.

A Bône, on ne ressentit qu'une faible commotion.

A Djidjelli, dès la première secousse, la population avait abandonné la ville. Il ne périt que *trois* personnes qui n'avaient pas voulu fuir avec les autres habitants, mais la ville fut ruinée à peu près entièrement.

A Bougie, il y eut quelques maisons ébranlées.

Le 24 et le 25, les secousses se renouvelèrent à Philippeville, elles ne causèrent aucun dégât, quelques plafonds seulement tombèrent ou se fendirent ; mais à Collo et à Djidjelli, elles renversèrent les maisons qui avaient résisté aux premières commotions.

A Alger, on ressentit quelques légères secousses dans la soirée du 21 et dans la matinée du 22.

III.

Tremblement de terre du 2 janvier 1867.

L'année 1866 avait sonné sa dernière heure, emportant avec elle le souvenir néfaste des sauterelles qui avaient attristé ses plus beaux jours. 1867 venait de commencer. Blidah, la *petite rose*, posée au sein d'une forêt d'oranger de la plus luxuriante verdure, la Chiffa, joli village sur la rivière de ce nom, Mouzaïaville, El-Afroun, Bou-Roumi, Ameur-el-Aïn, colonies de la première heure, déroulant au pied de l'Atlas, leurs plaines d'une admirable fécondité, avaient vu le 1er janvier s'écouler au milieu des félicitations mutuelles de leurs populations heureuses des jours nouveaux que leur ouvrait une année nouvelle. L'enfant, joyeux des douceurs que lui apportait ce jour si longtemps désiré, avait prodigué ses baisers et ses caresses à sa mère bien-aimée, et la mère, riche des souhaits et des vœux de son enfant, avait pressé tendrement sur son sein l'objet de son amour, en invoquant sur lui un long avenir de joies et de bonheur. Au milieu de ces douces espérances, au milieu de ces étreintes plus douces encore, pouvait-elle penser qu'elle serrait dans ses bras un cadavre du lendemain?

La journée du 1er janvier avait été calme, la nuit qui avait suivi avait été plus calme encore. Que de souriantes illusions, que de rêves dorés devaient être en quelques instants ensevelis sous de sanglants décombres.

Le 2 janvier, dès le point du jour, rien ne faisait

pressentir un malheur, une catastrophe. Les heures marchaient lentement au bruit monotone du balancier mesurant par ses mouvements cadencés le cours du temps et de la vie. L'instant fatal arrive. J'étais dans ma chambre, lorsqu'un léger trémoussement du plancher m'annonce un tremblement de terre. Ayant déjà souvent ressenti d'autres secousses dont les effets s'étaient toujours bornés à quelques oscillations peu violentes, je ne m'effraye point; j'éprouve même une certaine satisfaction de pouvoir observer et étudier encore une fois cet étrange phénomène. Je regarde ma montre; il était 7 heures 15 minutes. Mais le mouvement devient tout-à-coup d'une violence inouïe. Je sens la maison pencher subitement et revenir aussitôt sur elle-même. Le plancher tressaille vivement sous mes pieds; des trépidations terribles l'agitent en tous sens. Le bruit strident des tuiles qui s'entrechoquent et se brisent, les craquements horribles de toutes les charpentes qui s'ébranlent et se disloquent violemment se mêlent aux grondements des détonations souterraines dont les roulements sourds et sinistres se prolongent dans le lointain. Je me précipite vers la porte, gênée dans ses mouvements par les secousses réitérées, elle résiste à ma pression. Enfin elle s'ouvre! mais les oscillations ont cessé. Un calme immense a succédé à cette effrayante convulsion de la terre. Un silence profond, silence qui a quelque chose de froid qui glace l'âme, succède à ce fracas horrible, à ces voix étranges de toute la nature dans l'épouvante. Je regarde ma montre; la secousse avait duré 15 secondes!!!

Je descends dans la rue; toute la population s'y trouvait groupée çà et là, sous l'impression de la consternation la plus vive. Tous les visages pâlis

par l'effroi portaient l'empreinte d'une émotion profonde. Cependant on se rassure un peu ; on se raconte ses impressions, ses frayeurs. L'un avait vu
le clocher vaciller comme un homme ivre sur sa
base peu solide ; l'autre avait vu les arbres incliner
si violemment qu'il avait cru que la racine allait
sortir de terre. L'autre sur le point de tomber, en-
traîné par la violence de la secousse, avait voulu
prendre un platane pour appui et le platane avait
fui devant son étreinte.

Je parcours le village. Les maisons étaient plus
ou moins lézardées, mais il n'y avait aucun malheur
à déplorer. Les horloges dont le mouvement était
de l'est à l'ouest avaient continué de marcher,
tandis que toutes celles dont le mouvement était du
nord au sud s'étaient arrêtées.

De nouvelles secousses beaucoup plus faibles que
la première se manifestèrent à 7 heures 20 minutes,
à 7 heures 27 minutes, à 9 heures 20 minutes et à
9 heures 27 minutes.

A 9 heures 30 minutes, la commotion fut assez
violente. Je me trouvais en ce moment dans la rue,
tâchant de rassurer la population de plus en plus
effrayée par la multiplicité des secousses Tout-à-
coup, du sud-ouest, retentit un bruit immense
comme le roulement d'un grand nombre de cha-
riots entraînés par des chevaux lancés dans une
course furibonde. Une bande d'oiseaux, fuyant de
toute la vitesse de leurs ailes passe sur nos têtes
avec la rapidité de l'éclair. La terre tremble. Tous
les visages ont pâli d'effroi ; pas un cri ne s'échap-
pe de toutes ces poitrines oppressées, de toutes ces
bouches dont les lèvres sont glacées par l'épouvante. Le sol violemment ébranlé s'agite sous les
pieds comme les flots d'une mer en fureur. Les

jambes fléchissent sous ces tressaillements saccadés de la nature en proie à cette nouvelle convulsion. Mais déjà tout était de nouveau rentré dans le calme. La commotion avait duré 7 secondes.

A 3 heures 40 minutes du soir, une légère oscillation se fit encore sentir. Ainsi se passa pour nous la journée du 2 janvier, sans malheurs, sans accidents graves à déplorer. Ailleurs, hélas ! que de larmes versées ! que de sang répandu !

Nous laisserons parler les témoins oculaires de ces douleurs.

IV.

Désastres occasionnés par le tremblement de terre
du 2 janvier 1867.

Blidah.

Le 2 janvier, Blidah se réveillait à peine. L'horloge de la ville marquait 7 heures 15 minutes. Une détonation sortie des entrailles de la terre et suivie d'une oscillation qui remue et disloque, de la base au sommet, toutes les maisons, tous les édifices, jette la terreur dans tous les esprits. Les habitants éperdus eurent le temps de fuir, à peine vêtus, dans les rues, sur les places publiques et de voir encore leurs maisons vaciller et chanceler sur leurs bases. La violence de la commotion fut telle que des personnes furent renversées, et qu'elle détermina des dégâts considérables dans toutes les maisons. Cette première secousse fut suivie de quelques autres beaucoup plus faibles jusqu'à 9 heures 27 minutes. A 9 heures 30 minutes, une nouvelle secousse presque aussi violente, plus rapide que la première, fit frémir et crier tout le monde ; la terre, pendant quelques secondes, sembla bouillonner et les maisons se balancer comme une flotte sur les ondes agitées. Les dégâts s'accrurent au point que personne n'osa plus rentrer dans les maisons.

Prévenue par le Télégraphe, l'Administration supérieure s'empressa d'envoyer d'Alger des tentes sous lesquelles presque toute la population, désertant les maisons, bivouaqua toute la nuit, malgré une pluie battante.

A l'extérieur des habitations, l'œil ne constatait que des lézardes, mais à l'intérieur, la gravité des dégâts se manifestait par des cloisons renversées, des plafonds effondrés, des crevasses béantes, inquiétant indice de la grandeur du péril.

La Chiffa.

La commotion avait été assez violente à la Chiffa pour faire crouler de larges pans de murs et renverser quelques maisons, sans toutefois ensevelir aucune victime sous leurs décombres. C'était là le commencement de la désolation.

Mouzaïaville

Le 2 janvier, écrivait un habitant de Mouzaïaville, comme il avait plu toute la nuit, j'étais resté au lit plus tard que de coutume. A sept heures du matin, je venais de m'éveiller ; ma femme dormait à mes côtés. J'entends un bruit sourd venant de loin et approchant toujours comme les vagues de la mer dans une tempête. Mon lit se trouve tout-à-coup vivement et brutalement secoué; les murs de ma maison s'agitent comme des hommes ivres : « Tremblement de terre! m'écriai-je. J'appelle ma femme, elle persiste à dormir, je ne puis l'abandonner, et pourtant le danger est imminent. « A la garde de Dieu! m'écriai-je de nouveau, en jetant mon oreiller sur la tête de ma femme, et je me blottis dans le coin du mur.

Le mur s'écroule; le toit tombe sur le sol, et je me trouve en plein air, intact et sans frayeur. Je cherche mon épouse; elle était couverte de moellons qui l'avaient réveillée; elle poussait des cris plaintifs. En un clin d'œil, j'ai enlevé les pierres, et ma femme se précipite avec moi dans la rue.

Quelle scène de désolation s'offre alors à notre vue! Ce n'est pas notre maison seule qui s'est écroulée, ce sont toutes les maisons du village, et cela en *trois secondes*!

Partout j'entends des cris qui déchirent le cœur! Les familles crient au secours; les blessés enfouis sous les décombres poussent des gémissements affreux! Une poussière épaisse obscurcit l'air. Je cherche mon petit-fils; je constate avec douleur qu'il a cessé de vire et que sa mort a été instantanée. Je cours dans le village; partout mêmes malheurs, mêmes cris, même spectacle. J'arrive chez le beau-père de ma fille; tout le monde est sauvé, excepté ma petite-fille, âgée de huit mois : elle est ensevelie, dans son berceau, sous les ruines de la maison; après une heure de travail et d'anxiété, on la retire vivante et sans blessures. »

« C'est au milieu de la consternation générale

des restes de ce qui fut la population de Mouzaïaville que je vous écris, dit un témoin de ce drame
sinistre, sous un hangar, car il ne reste pas une
seule habitation de notre pauvre village qui
comptait, il n'y a pas encore quarante-huit heures,
plus de *cent soixante-quinze* maisons. L'église est
seule debout mais lézardée, crevassée comme une
forteresse bombardée. Une minute à peine a suffi
pour faire de ce charmant pays un amas de ruines,
qui suintent le sang et d'où partent encore les
cris des blessés et les gémissements des mourants.

« Par hasard, je m'étais levé de grand matin
pour aller aux champs. Je rentrais au village,
lorsque, tout-à-coup, je sens la terre trembler sous
mes pas. Au même moment, un nuage de poussière
masque le village d'où partent des cris affreux,
dominant par instants un bruit confus d'un caractère indéfinissable. C'étaient les maisons qui venaient de s'abîmer sur leurs habitants et dont les
débris s'entrechoquaient dans un véritable chaos.

« Les personnes épargnées par le fléau, sous le
coup d'une folle terreur, prirent d'abord la fuite.
Mais cette première et inévitable concession faite
à la faiblesse humaine, le sentiment du devoir
reprit son empire, et chacun, oubliant que le
danger subsistait imminent, se portait au secours
des malheureux ensevelis sous les décombres. Le
mari ivre de douleur, arrachait avec une ardeur
convulsive les pierres et les débris de charpente
sous lesquels gîsait sa femme dont les plaintes
étouffées arrivaient déchirantes jusqu'à son oreille.
La mère, à genoux, se tordait les mains de déses-
poir devant l'impuissance de ses efforts à écarter
les ruines qui recouvraient son enfant dont les gémissements devenaient de plus en plus faibles et

étouffés... Cependant, après de longues heures
d'un travail pénible et difficile, toutes les victimes
furent retirées du milieu de ces murs renversés,
de ces toitures effondrées. Hélas ! quelle désolation !
quel spectacle ! Les uns pleuraient sur des cadavres
dont les chairs pantelantes ruisselaient d'un sang
encore tout fumant. Les autres gémissaient sur des
blessés dont les membres avaient été écrasés, dont
le corps tout meurtri était couvert de plaies larges
et béantes. C'était navrant d'entendre les cris de
douleur de ces infortunés trop nombreux, hélas !
sans linge pour essuyer ou pour panser leurs blessures, abandonnés sous la pluie, mal couverts par
les quelques lambeaux de vêtements qu'on avait pu
arracher des décombres. Ajoutez à ce triste tableau
les gémissements de toutes les familles, demi-nues,
sans pain et grouillant dans l'eau qui tombait à
torrents, par un froid subit et excessif. A droite, à
gauche, s'offrait aux regards épouvantés un spectacle lugubre, saisissant d'horreur. Près de *quarante cadavres* gîsaient dans la boue, attendant
l'heure de la sépulture. »

Une jeune femme avait été trouvée étouffée avec
son jeune enfant dans les bras. Une autre femme
avait eu sa petite fille tuée sur son sein par la chûte
d'une poutre ; la mère n'avait reçu qu'une très
forte contusion à la poitrine. C'est son enfant qui
l'avait sauvée.

A la première nouvelle de cette catastrophe,
l'Administration envoyait d'Alger des tentes, des
vivres et des vêtements ; des troupes étaient immédiatement parties de Blidah pour aider au sauve-
tage des victimes.

Bou-Roumi

Le village de Bou-Roumi offrait le même spectacle de désolation que Mouzaïaville. La plupart
des maisons étaïent ras de terre ; il ne restait que
des pans de murs chancelants de tous côtés. *Quatre
enfants* avaient été écrasés, et on comptait plus de
douze blessés.

El-Afroun

« Vers 7 heures du matin, raconte un témoin
oculaire du désastre d'El-Afroun, j'entrais dans la
maison Bombeaty, quand soudain la terre tremble comme un saule agité par le vent : les oscillations se produisent comme un va et vient, les murs
se détachent, et tout cela presque aussi vite que
la pensée. J'ai à peine le temps de franchir la porte,
que la maison s'écroule instantanément.

« J'assiste à un spectacle des plus navrants ; en
moins de *deux secondes*, toutes les maisons disparaissent ; sur plus de *cent*, une seule est restée
debout ! je me trouve enveloppé par un nuage de
poussière provenant de nos constructions démolies. Je croyais à un de ces affreux cauchemars
d'un mauvais sommeil. Hélas ! les cris douloureux
que j'entends de la maison Bombeaty et de tout
le village m'apprennent que ce n'est point un rêve,
mais bien une réalité.... M. Vital, surveillant aux
travaux du chemin de fer, réveillé en sursaut par

la secousse, s'élançait de son lit pour gagner l'escalier, au moment où la chute de la maison avait lieu entraînant avec elle le malheureux Bombeaty, sa femme et son enfant! M. Vital fut lancé si violemment qu'avec sa tête il brisa la devanture de la porte d'entrée; tout le reste de son corps était enseveli sous les décombres: « A mon secours! sauvez-moi! me criait-il. Je me précipite pour enlever les décombres; quand une secousse arrive. L'éboulement qui a lieu me force à quitter mon poste. De nouveaux cris: « Au secours! ne m'abandonnez pas! m'arrivent de tous côtés. Bientôt je reprends mon œuvre, et, aidé d'une autre personne, je pus sauver M. Vital. Mais la tâche n'était pas finie: Bombeaty, sa femme et leur enfant étaient encore là sous une couche épaisse de matériaux.... La femme fut retirée; mais son mari et son enfant n'étaient plus que deux cadavres! Il fallut alors improviser des ambulances pour les familles sans abri; et les blessés au nombre de *cinquante* dont plusieurs très-grièvement atteints. On dut en outre s'occuper de l'inhumation de *douze cadavres* trouvés sous les décombres.

Ameur-el-Aïn

Le désastre fut presque aussi complet à Ameur-el-Aïn. Des quatre-vingt-dix-huit maisons qui existaient avant la catastrophe, la moitié furent détruites; les autres fortement lézardées purent résister, mais elles devinrent inhabitables. On eut à déplorer *trois* morts et *quatre* blessés.

2*

Nous avons cité les principaux détails que nous avons pu recueillir sur le terrible évènement du 2 janvier. Mais que de scènes déchirantes qui n'eurent d'autres témoins que leurs malheureuses victimes! que de douleurs étouffées au milieu de cette désolation. J'ai voulu voir de mes yeux, quelques jours après la catastrophe, les lieux qu'elle avait frappés. En passant à Beni-Mered, j'ai remarqué la colonne monumentale dont la pierre supérieure seule a été disjointe et déplacée de quelques centimètres par le mouvement. — Blidah campait encore sous la tente. Dès la nuit du 2 au 3 et la journée du 3 qui s'étaient passées sans secousses bien sensibles, quelques habitants s'étaient décidés à rentrer dans leur domicile; lorsque pendant la nuit du 3 au 4, à 1 heure trois quarts, deux secousses successives vinrent jeter de nouveau l'effroi dans toute la population. Il pleuvait à torrents.... Les personnes rentrées dans les maisons se refugièrent sur les places; mais bientôt après, un peu rassurées par la faiblesse des secousses, les moins impressionnées se décidèrent à se recoucher. A 3 heures trois quarts, une nouvelle secousse d'une excessive violence; mais dont la durée ne fut que *d'une* seconde et demie, mit tout le monde sur pied. A partir de ce moment, toutes les maisons demeurèrent complètement désertes, et les quelques personnes qui avaient voulu braver le danger, durent se résigner à faire comme tout le monde, c'est-à-dire à rester dehors. Le désastre de 1825 se dressait comme un spectre effrayant devant tous les esprits.

La Chiffa commençait à déblayer ses maisons ébranlées ou renversées.

Mouzaïaville ne présentait partout que ruines et décombres. On déblayait les maisons; la population était sous la tente. Un silence lugubre planait encore sur ce village. Les visages étaient tristes et mornes. On aurait dit des ombres errant sur les ruines d'un immense tombeau. Au milieu de l'ogive qui couronne le portail de l'église toute lézardée, on voyait l'horloge immobile ; les aiguilles montraient 7 heures 15 minutes, comme pour rappeler le moment suprême de la destruction. On entendait par intervalle des détonations souterraines, accompagnées de secousses courtes et saccadées.

A peu de distance de ce village, qui semble avoir été avec El-Afroun le centre principal de la commotion, se trouvent des ruines romaines considérables ; cette ancienne ville aurait-elle été renversée par une semblable catastrophe ?

V.

Après le tremblement de terre

Pendant les jours qui suivirent la désolation du 2 janvier, les esprits furent plus ou moins rassurés. L'imagination, dans ces circonstances, est si prompte à se créer des fantômes et des dangers que, pour certaines personnes, un nuage un peu pourpre était comme le flambeau d'un nouvel ange exterminateur ; et le moindre bruit d'une voiture roulant sur le pavé, faisait l'effet du bruit avant-coureur d'une nouvelle commotion qui devait tout anéantir.

Il est vrai que, pendant plusieurs semaines, on ressentit de temps à autre des secousses peu propres à rassurer les esprits. Mais ces mouvements n'étaient que les derniers soupirs, que les derniers frémissements d'un mourant. Dans les tremblements de terre, l'effet désastreux, quand il doit y en avoir un, se produit en général au début des secousses. Après ce premier ébranlement, la terre ne peut reprendre son assiette ordinaire que dans un temps dont la durée est en rapport avec la violence de la commotion primitive. Ainsi, après le violent tremblement de terre qui eut lieu en Algérie, en 1716, le sol fut agité plus de six mois ; depuis le 3 février, jusqu'au mois de juillet.

Il ne faut donc pas s'étonner si, après la rude secousse du 2 janvier, on en a ressenti un certain nombre d'autres plus ou moins fortes. Ce sont les derniers efforts d'une force perturbatrice qui tend lentement à s'éteindre.

Dans ces jours de trouble et d'émotion, les esprits, sous l'impression de la crainte, croyaient avidement toute parole, toute rumeur en harmonie avec leurs terreurs. Un marabout arabe répandit le bruit qu'il avait reçu du Prophète une *carta* (lettre), annonçant un nouveau tremblement de terre qui devait renverser et détruire toutes les villes, tous les villages de l'Algérie. Bon nombre d'Européens ajoutèrent foi à cette prétendue prophétie d'autant plus facilement que la catastrophe était fixée au vendredi, jour, en général, réputé néfaste. Les Arabes pleins d'une confiance aveugle en leurs marabouts, regardèrent l'évènement comme infaillible. Les uns l'appelaient de tous leurs vœux, en haine des Européens, mais tous tremblaient de frayeur, parce que les grands phénomènes de la nature sont toujours, pour leurs esprits ignorants, des sujets d'épouvante. L'un deux me parla en tremblant de ce désastre futur, et me demanda ce que j'en pensais: « Tu diras à ton marabout qu'il est *mahboul* (fou), et que le marabout français a assuré que ce n'est pas vrai. — Merci, merci, bono, me répondit-il, tout satisfait. Cependant le jour prédit arriva. Les Espagnols, les Juifs surtout désertèrent les maisons pour se réfugier sous la tente, en rase campagne. Mais les heures continuèrent à s'écouler calmes et silencieuses au milieu de leur anxiété profonde, et la terre immobile ne chancela pas sur ses bases.

VI.

Secours aux victimes

Les Arabes, n'habitant que la tente et surtout des gourbis, espèces de chenils en broussailles, n'avaient aucune perte à déplorer dans ce grand désastre. Après les condescendances excessives dont l'Administration supérieure a constamment usé à leur égard, après tous les bienfaits dont elle n'a cessé de les combler, témoin l'indemnité des sauterelles qu'ils venaient de recevoir tout récemment, on aurait pu croire qu'ils se seraient portés en foule au secours des victimes ensevelies sous les maisons, et qu'ils auraient aidé avec empressement à les dégager du milieu des décombres ; si la reconnaissance ne leur en eût fait un devoir, l'humanité leur en imposait au moins l'obligation. Mais ce peuple dégénéré est incapable de tout sentiment noble et généreux. Soit paresse, soit haine, aucun ne se présenta. Et si l'on en aperçut quelques-uns rôdant autour des villages renversés, c'est qu'ils espéraient, dans cette calamité publique, pouvoir satisfaire impunément leur passion par le vol et le pillage.

Dès l'annonce du fléau, nous avons vu l'Administration supérieure s'empresser de venir au secours des victimes. Elle envoyait en toute hâte des vivres, des tentes et des vêtements. Son Exc. M. le Maréchal de Mac-Mahon, duc de Magenta, Gouverneur général de l'Algérie, dans sa haute sollicitude, avait voulu voir de ses yeux toute l'étendue du désastre, et porter lui-même des paroles de consolation aux infortunés survivants de la catastrophe. On organisa immédiatement des souscriptions dont les produits abondants indemnisèrent les colons de la perte de leur mobilier et de leur matériel d'exploitation écrasés sous les ruines. L'autorité militaire envoyait des soldats pour déblayer les maisons démolies et les rebâtir avec les matériaux qu'elle fournit elle-même. On employa surtout la brique dans ces nouvelles constructions, parce qu'on avait remarqué que ce genre de bâtisse avait complétement résisté aux plus violentes secousses.

Le voyageur qui traverse aujourd'hui ces villages reconstruits avec une simplicité qui n'exclut pas une certaine élégance, ne se douterait nullement que sur ces mêmes lieux, le 2 janvier 1867, les maisons, renversées de fond en comble, n'offraient aux regards attristées qu'un amas informe de ruines et de décombres, les pierres, éparses çà et là, étaient rougies de larges taches de sang, et l'air retentissait de cris déchirants et lugubres,

III

CHOLÉRA DE 1867

Août, septembre, octobre.

I

Causes de l'épidémie de 1867

L'année 1867, commencée si tristement par la catastrophe du tremblement de terre, portait dans ses jours une nouvelle calamité. Une épidémie, dout les ravages terribles devaient faire d'innombrables victimes, venait étendre son voile funèbre sur toute l'Algérie. Au rapport de saint Augustin, une peste, occasionnée par l'odeur infecte qui s'exhala des corps des sauterelles mortes, détruisit, dans le royaume de Numidie et dans les parties voisines, une population de *huit cent mille* hommes. L'épidémie de 1867 pourrait bien ne pas avoir eu d'autres causes que l'infection de l'air par les sauterelles de 1866.

Le choléra nous vient ordinairement par les ports, et, de là, il se propage de proche en proche vers l'intérieur. L'épidémie de 1867, appelée choléra, faux choléra, etc., suivit une marche toute contraire : ce fut de l'intérieur qu'elle partit, suivant, pour ainsi dire, la même marche que les sauterelles, et sévissant avec plus d'intensité à leurs principales stations.

Le choléra frappe tout d'abord dans les villes, les centres populeux, et le premier soin des habitants qui peuvent s'éloigner est de fuir à la campagne, en plein air. L'épidémie de 1867 se montra violente presqu'uniquement dans les villages, dans les campagnes, dans les tribus où les gourbis sont très éloignés, très espacés les uns des autres.

Les myriades de sauterelles mortes dans les champs, noyées dans les rivières, décomposées par la chaleur, amenèrent, sans doute, l'infection de l'atmosphère. De la vase déjà croupie, des cours d'eau presque taris par une sécheresse extrême, dûrent s'exhaler ces émanations pestilentielles, ces miasmes morbides qui firent tant de victimes.

II.

Ravages de l'épidémie

Depuis de longs mois, la pluie, ordinairement

si abondante dans la saison d'hiver, avait à peine humecté de loin en loin les champs arides de l'Algérie. Les beaux jours du printemps avaient été désolés par une sécheresse prolongée, et les rayons brûlants du soleil d'été embrasaient déjà les airs que nulle rosée bienfaisante ne venait plus rafraîchir. Le mois d'août commençait au milieu des bouffées ardentes du *simoun* dont le souffle de feu remplissait l'air d'une poussière impalpable enlevée au désert. A travers ce nuage de sable, dont la teinte rougeâtre semblait refléter un vaste incendie, on apercevait le disque gris de plomb d'un soleil pâle et froid. Ce fut pendant cette température extrême que le fléau éclatant subitement dans le Sud, s'avança peu à peu vers le Nord, et, après avoir parcouru tout le pays, marquant partout son passage par la souffrance et la mort, il s'éteignit dans les premières fraîcheurs d'octobre.

Dès l'annonce du fléau, Monseigneur l'Archevêque d'Alger, alors en France, inquiet pour son troupeau, écrivit la lettre suivante à M. Compte-Calix, vicaire-général du diocèse :

« Biarritz, 8 août 1867.

» Mon cher Vicaire-Général,

» J'apprends avec une vive peine que le choléra menace le diocèse d'Alger et vient s'ajouter à tous les fléaux qui le désolent depuis plusieurs années. J'espère encore que Dieu nous épargnera cette épreuve nouvelle ou la réduira du moins aux proportions bénignes qu'elle a eues durant les années précédentes.

» Quoi qu'il en soit retenu loin de vous en ce moment par l'état de ma santé si profondément ébranlée, je ne puis rester indifférent aux maux qui menacent mon troupeau. Et comme, après deux années de disette, ce qui est à craindre surtout, c'est la misère, qui empêchera nos colons de prendre les précautions convenables. je désire venir à leur aide en leur faisant l'abandon complet de mon traitement d'Archevêque.

» Monsieur Ancelin, Secrétaire-général de l'Archevêché, vous remettra donc 2,500 francs, montant du premier mois, et vous voudrez bien les faire distribuer par les commissions qui seront, sans doute, établies par les soins des sœurs et de MM. les Curés.

» Pour ce qui me concerne personnellement, je ne puis vous dire, mon cher Vicaire-Général, combien cet éloignement de mon diocèse, qui dure depuis plus de deux mois, me pèse et me désole dans les circonstances actuelles.

» Vous savez que les médecins de France m'ont condamné à ne rentrer à Alger que dans la deuxième quinzaine d'octobre, afin d'éviter une rechûte qu'ils considèrent comme certaine ; mais si le choléra venait à éclater à Alger, je n'attendrais certainement pas cette époque, et je partirais, pour me trouver au milieu de vous, dès que mes forces, qui me reviennent peu à peu, me permettront d'entreprendre le voyage. Le reste entre les mains de Dieu.

† CHARLES, archevêque d'Alger. »

Dans une seconde lettre de la même date, adressée aux membres de son administration, Monseigneur l'Archevêque terminait ainsi :

« ... Mais si le choléra éclate d'une manière alarmante, rien ne me retiendra, et je vous arriverai dès que mes forces me permettront de me mettre en route. C'est mon devoir, et il serait inutile de chercher à m'en détourner par des raisons qui n'en seraient pas. Je suis bien convaincu que je marcherai à la mort ; mais l'occasion de bien mourir est si rare qu'on ne saurait trop la saisir lorsqu'elle se présente. »

Monseigneur l'Archevêque, n'écoutant que son zèle et son dévouement, devançait les jours de sa venue pour apporter à son peuple ses secours et ses consolations. Et Dieu, satisfait de son sacrifice, le conserva pour des travaux aussi glorieux qu'utiles à la religion et à la colonie.

Le fléau fit peu de ravages parmi les Européens. Il y eut cependant quelques centres où les influences pernicieuses se développèrent plus violemment. Nous citerons Biskra, où, dès le 29 juillet, il mourait de *quatre-vingt-dix* à *cent vingt* habitants par jour sur une population de *cinq mille* âmes. Le commandant supérieur, quatre officiers de tirailleurs algériens, quatre officiers comptables, le commissaire de police, un jeune médecin militaire et deux curés furent les principales victimes du fléau.

Coléah, la ville sainte des Arabes, quoique située sur une hauteur et dans une position très salubre compta aussi beaucoup de victimes dans ses murs. Cette ville devait célébrer sa fête patronale le 15 septembre. On avait nivelé, puis abondamment arrosé un emplacement assez vaste pour le convertir en salle de bal. On ne songea point que ce terrain était celui dans lequel on avait, l'année précédente, enfoui les sauterelles dont la ville avait été assiégée. De la terre, vivement échauffée par les ardeurs du soleil, se dégagèrent des exhalaisons putrides que l'humidité de la nuit contribua à répandre dans l'atmosphère. Sous les pieds des danseurs se développèrent ces miasmes pernicieux qui envahirent la ville et dont les effets furent si terribles, si foudroyants. En *trois* jours, *soixante* victimes succombèrent dans cette localité.

M. Blanc, curé de cette paroisse, dès le début du fléau, se transporta au chevet des mourants, allant de porte en porte donner des secours, des encouragements, il recueillait les confessions et remplissait au milieu du péril toutes les fonctions de son saint ministère. Mais bientôt, atteint de la terrible maladie, il succomba victime de son zèle et de son devoir.

Mouzaïaville, déjà si éprouvée par le tremblement de terre compta encore *trente-sept* victimes pendant l'épidémie. La sœur Serrecave, religieuse de Saint-Vincent-de-Paul, directrice de l'école des filles, fut la dernière victime. Depuis le commencement de l'épidémie, elle ne prenait plus aucun repos ; on la rencontrait de nuit comme de jour, à minuit comme à midi, dans les rues du village et jusque dans les fermes les plus éloignées, prodiguant des soins, des secours et des consolations aux malades et aux familles éplorées. La fatigue l'enleva à la reconnaissance et aux bénédictions de toute la population.

A Laghouat, notre possession extrême dans le Sud, la population européenne n'eut pas trop à souffrir ; mais un fait curieux y fut remarqué par les habitants :

Pendant que l'épidémie était dans toute sa force,

les moineaux francs avaient abandonné les bâti-
ments de l'hôpital, de la caserne et la meule à four-
rage où ils se nichaient par milliers. On n'en voyait
plus un seul. L'épidémie à peu près disparue, les
moineaux revinrent aussi nombreux qu'avant.

Le même fait a été constaté ailleurs dans plusieurs autres épidémies, et j'avais eu l'occasion de
l'observer moi-même, en France, sur un clocher de
village pendant le choléra de 1854.

Dans la commune de Chebli, un grand nombre
d'Européens furent atteints du fléau, mais peu
succombèrent. Dès l'annonce de l'invasion de l'épidémie, je m'étais hâté de prévenir la population
que, pendant ces jours dangereux, il fallait aussitôt
porter remède aux premiers symptômes de la maladie. Mes conseils et mes avis furent fidèlement
suivis et nous ne comptâmes des victimes que dans
quelques fermes isolées privées de tout secours. Il
succomba aussi tous ceux qui, tout en suivant
le traitement prescrit, commirent des impru-
dences.

III.

Ravages de l'épidémie sur la population arabe

Si les Européens échappèrent en général aux
atteintes du fléau, il n'en fut pas de même des malheureux Arabes.

Les ravages que l'épidémie fit au sein de leurs
tribus furent immenses. Il n'y a pas lieu de s'en
étonner lorsqu'on connaît la triste existence de ce

peuple dégénéré. Exposés aux grandes fraîcheurs des nuits dans leurs gourbis ouverts à tous les vents, ces misérables dorment sur la terre nue, sans autres couvertures que leur burnous trop souvent en lambeaux. Ils boivent fréquemment de l'eau croupie, presqu'infecte, pour s'éviter la fatigue d'aller quelques pas plus loin en chercher de la meilleure. Ils ne mangent que du pain, et quel pain ! une misérable galette de farine et de son d'orge ou de blé, cuite plus ou moins dans une poële à frire. Ils se repaissent encore de figues de Barbarie, de mauvais melons, d'indigestes pastèques, d'herbes et de racines de toutes sortes. Une nourriture si grossière, malsaine même, les prédisposait nécessairement aux influences de l'infection miasmatique.

D'une confiance stupide envers leurs *marabouts*, les Arabes, dans les maladies, ont recours à ces espèces de prêtres très nombreux, presque sans croyances et sans culte, dont plusieurs ne doivent leur réputation de très grande sainteté qu'au dérangement de leurs facultés intellectuelles. Pour l'Arabe, l'homme atteint de folie est l'ami de Dieu et parle toujours d'après son inspiration. Ces marabouts, d'une ignorance profonde, leur vendent, pour unique remède, des *amulettes*, petites poches de cuir contenant un morceau de papier, sur lequel ils ont eux-même tracé, de leur main, avec le roseau dont ils se servent encore pour écrire, quelques paroles ou versets du Coran. Ils les portent suspendues à leur cou ou attachées aux bras. Ces talismans sont, pour ainsi dire, leur seul moyen curatif et surtout préservatif de toutes maladies. Ils n'ont presqu'aucune idée de la médecine, quelques ventouses, quelques saignées forment à peu près toute leur science et toutes leurs applications médicales. Les principes les plus élémentaires de l'hygiène leur sont inconnus ; ignorant les soins les plus simples à donner dans les moindres indispositions, ils abandonnent tout à la nature.

Aussi, dès que ces infortunés étaient atteints du fléau, ils se roulaient dans leur burnous, s'allongeaient sur la terre ou sur une mauvaise natte de paille, se couvraient le visage, et attendaient la mort dans les tortures de la douleur, aveuglément résignés aux arrêts du destin. Dans les gourbis, le mari jetait à peine un regard sur sa femme en proie aux premiers symptômes de la maladie. Il la laissait, enveloppée dans ses haillons souillés d'ordures, de déjections fréquentes et infectes, sans lui procurer le léger soulagement d'un lavage, d'un nettoyage quelconque. La femme voyait d'un œil indifférent son mari s'épuiser en vomissements douloureux et incessants. Elle le contemplait au milieu des crampes atroces qui torturaient ses membres froids et glacés, luttant contre la mort dans les convulsions de l'agonie, sans apporter aucun adoucissement à ses souffrances, à ses angoisses. Le jeune homme, saisi par la maladie, dévoré par les ardeurs d'une soif brûlante, ne recevait pas même de son père, de sa mère, nonchalamment couchés près de lui, une goutte d'eau pour humecter ses lèvres crispées et desséchées. J'ai vu cependant quelquefois une cruche pleine d'eau posée à côté de la tête du moribond, impuissant à l'approcher de sa bouche brûlante.

Sur les routes, dans les fossés, on rencontrait ces malheureux gisant déjà cadavres. D'autres respiraient encore ; la tête cachée sous le capuchon de eur burnous, laissant rarement échapper un

soupir, un gémissement, ils s'agitaient par secousses convulsives, dans les transes cruelles de la
maladie. Leurs compatriotes passaient, détour-
naient leurs regards et les laissaient à leur triste
sort en proférant un *mectoub* (c'était écrit).

Que d'infortunés trouvés morts dans les broussailles ! Ne pouvant se traîner plus loin, abandonnés de leurs familles, privés de tout secours humain, ils avaient expiré au milieu de l'isolement le
plus affreux. L'odeur infecte de leurs cadavres en
putréfaction révélait seule leur fin horrible et le lieu
où ils avaient succombé.

Il serait bien difficile de donner le chiffre précis
des Arabes morts victimes de l'épidémie dans
toute l'étendue de l'Algérie. Ce peuple, insoucieux
du passé, du présent et de l'avenir, s'inquiète fort
peu d'inscrire sur un registre ses naissances et ses
décès. Aussi, lorsque vous demandez à un Arabe
quel âge il a, il vous répond invariablement : Je
n'en sais rien. Ils naissent, vivent et meurent sans
compter les jours de leur passage sur la terre.
Pendant le choléra, l'Administration, pour se
rendre compte de la mortalité, força bien les cheïks
ou chefs de chaque tribu à venir tous les jours faire
la déclaration des décès de leurs tribus, mais ces dé-
clarations durent être souvent inexactes. Ils se prê-
taient de très mauvaise grâce à cette mesure qu'ils
regardaient comme leur étant uniquement imposée
pour faire connaître aux *Roumis* le chiffre de la
diminution quotidienne du peuple arabe.

A en juger par les quelques données suivantes,
le nombre des Arabes emportés par le fléau a été
très considérable.

Dès le 6 septembre, on comptait, dans les tribus
de l'Oued-Riou plus de *trente* morts par jour. A

Douéra, pendant la période épidémique, du 8 septembre au 14 octobre, *deux cent trente-cinq* indigènes ont succombé. La mortalité conservait à peu près partout la même proportion. On a vu des tribus entières s'éteindre presque jusqu'au dernier.

La population arabe qui vit au milieu de nous et avec nous, quoique dans de bonnes conditions de bien-être, a été décimée par la maladie épidémique. On peut, d'après cela, estimer approximativement que le *dixième* des indigènes a péri par le choléra. Or, la population totale, étant de 2,500,000 le chiffre des victimes du fléau s'élèverait au total effrayant de 250,000 morts dans la courte période épidémique de 2 *mois* environ.

IV.

Secours aux victimes

L'administration supérieure, toujours attentive et vigilante, se hâta de porter secours à ces nouvelles misères. On installa des ambulances pour donner asile à ces malheureux dénués de tous moyens de soulagement et de guérison. M. Poignant, Préfet d'Alger, ne se contentait point d'envoyer des sages instructions pour combattre le fléau, il complétait, par un appel à la mère-patrie, le service médical de la colonie devenu insuffisant dans cette immense calamité. Les soins les plus intelligents et les plus dévoués leur étaient prodigués dans ces refuges où la science et la charité se donnaient la main pour calmer et adoucir les souffrances et les douleurs d'un mal si cruel. Hélas ! le plus grand nombre des Arabes refusaient obstinément d'entrer dans ces asiles ouverts à leur malheur ; ils préféraient mourir dans les souffrances et l'abandon.

3

Dans notre commune, touchés de compassion pour ce peuple qui va s'éteignant tous les jours par sa paresse, son ignorance et sa corruption, nous leur faisions des distributions gratuites de remèdes à domicile. Haïssant les Européens d'une haine qui ne meurt point, ils refusaient de prendre les médicaments en disant que nous leur donnions des poudres pour les empoisonner. Ces natures dégradées sont fermées à toute pensée charitable, à tout bon sentiment du cœur humain.

Un jour, le garde-champêtre arabe vint en toute hâte me prier de lui donner des médicaments pour sa femme atteinte du fléau. Il voulait la traiter absolument comme les Européens. Elle guérit, et les Arabes disaient que nous lui avions donné les bons remèdes parce qu'il servait les *Roumis* (chrétiens).

Un autre jour, le même garde-champêtre arabe vint me demander des remèdes pour le fils d'un cheïck, atteint aussi de la maladie épidémique. Le lendemain, je l'interrogeai sur l'état du malade : « Il est mort, me répondit-il, avec quatre autres, cette nuit, et cependant, ajouta-t-il, ils avaient pris tous cinq le remède que tu m'as donné. » — « Mais tu ne m'avais demandé que pour un et non pour cinq. » — « Oui, ils se le sont partagé. »

On peut juger par là de la stupide simplicité de ces pauvres gens ; une dose divisée en cinq, presque microscopiques ne pouvait guère opérer efficacement.

Il en est toutefois parmi eux qui font encore preuve d'une certaine intelligence et qui savent mettre en œuvre toutes les ruses, toutes les roueries des escrocs les plus civilisés. Dès le commencement du fléau, deux Arabes, se fondant sur la sotte crédulité de leurs compatriotes. imaginèrent d'exploiter à leur profit l'épidémie régnante. Ils parcourent le pays, l'un armé d'une lance, l'autre muni d'un livre énorme sous le bras. Lorsqu'ils rencontraient un individu isolé, ils l'abordaient de l'air le plus solennel ; celui qui était porteur de la lance lui ordonnait de s'arrêter et lui demandait son nom. Naturellement, le passant demandait ce qu'on lui voulait et quel caractère avaient ceux qui l'arrêtaient. « Qui je suis ? répondait l'homme à la lance : je suis le Choléra et celui-ci est un *Thaleb* (savant) que le prophète m'a envoyé avec le Livre de la destinée pour me seconder dans ma mission ; dis-moi donc promptement ton nom, afin que je sache si ton heure est sonnée. On sait que les Arabes croient fermement que le terme de leur existence est déterminé et qu'il est inscrit au Livre de la destinée ; c'est cette croyance qui les rend si résignés devant la mort. L'homme arrêté ne manquait pas de décliner son nom au Choléra, qui, se tournant gravement vers l'autre filou, lui ordonnait de chercher le nom dans son livre ; celui-ci lui répondait invariablement : *Mektoub*. Alors le malheureux était mis dans l'alternative ou de mourir ou de se racheter en se dépouillant de son argent d'abord, et, au besoin, de son burnous, s'il valait quelque chose. Quelque résignés, quelque indifférents que soient les Arabes pour la mort, ils se trouvaient trop heureux de conserver la vie aux dépens de leur bourse ou de leur défroque.

Cette facétie qui avait, paraît-il, un assez bon succès, ne fut pas goûtée par l'autorité qui envoya les deux filous méditer de nouveaux tours dans le silence de la prison.

V

Inhumations arabes

La paresse est *un* des vices dominants de l'Arabe. Ce vice se traduit dans toutes ses habitudes, dans tous ses actes. Pour ne pas se fatiguer à porter les morts trop loin, il y a des cimetières partout. Les fosses sont creusées à une profondeur de soixante centimètres au plus ; ce qui est tout à fait insuffisant. Ils y déposent le cadavre, enveloppé d'une étoffe blanche, et le recouvrent d'une couche de terre beaucoup trop légère. Pour empêcher les chacals et les hyènes de le déterrer pour le dévorer, ils garnissent cette terre de broussailles épineuses, de branches de jujubier sauvage, par exemple ; ce qui ne le garantit pas toujours de la dent de ces animaux voraces.

Il arrive souvent que les chaleurs de l'été déterminent des crevasses sur ces fosses, et alors il s'en exhale une odeur pouvant occasionner facilement des accidents en viciant l'air. Dans la plaine du Chélif, sur un point situé dans le quartier des Attaffs, il existe un cimetière arabe traversé par la route impériale. Pendant l'épidémie dont nous venons de parler, de nombreuses inhumations y avaient été faites, et comme les morts, suivant l'habitude, n'y étaient enterrés qu'à une faible profondeur, les personnes qui passaient sur la route étaient incommodées par les exhalaisons infectes qui s'en dégageaient. Il en était à peu près de même partout. Ces nombreux foyers d'infection pouvaient exposer à une nouvelle épidémie plus désastreuse que la première. De proche en proche, un seul pestiféré mort pouvait propager le fléau dans tout son douar ; du douar, le mal pouvait se communiquer à toute la tribu, à toute la montagne, à toute la plaine et aux colons européens.

L'administration supérieure dut encore intervenir en ces circonstances et prendre des mesures rigoureuses pour forcer les Arabes à ouvrir des fosses plus profondes et à les recouvrir aussi avec plus de soin.

—

Les Arabes voyaient tomber autour d'eux leurs parents, leurs familles, sans faire paraître une émotion, un sentiment de douleur ou de crainte. Lorsqu'on leur parlait du nombre effrayant de victimes que le choléra faisait chaque jour parmi eux, ils se contentaient de dire dans leur fanatisme aveugle : « Mahomet appelle à lui tous ceux qui n'auraient pas de pain à manger pendant l'hiver. » Malheureusement, le prophète, malgré cette multitude infinie d'élus par le fléau, n'en appela pas assez ! le pain, hélas ! devait manquer encore à un bien grand nombre.

IV

FAMINE

1867-1868.

I

Causes de la famine de 1867-1868.

L'année 1867 n'avait pas épuisé la coupe des douleurs. Elle voyait surgir un nouveau fléau dont les horreurs se prolongeant plusieurs mois, devaient encore attrister les jours de 1868. L'épidémie exerçait ses ravages dans toute sa fureur, emportant dans ses tortures un nombre infini de victimes, et déjà la famine, et une famine épouvantable, se dressait menaçante de toutes ses étreintes, de toutes ses angoisses, au sein des tribus arabes.

Quelles étaient les causes de cette nouvelle calamité? On a accusé les sauterelles et la sécheresse.

En 1780, le royaume de Maroc éprouva les ravages terribles des sauterelles, qui y occasionnèrent une *famine affreuse ; les pauvres erraient par les contrées pour déterrer les racines des plantes, et cherchaient dans la fiente des chevaux, les grains d'orge qui n'avaient pas fermenté pour s'en nourrir ; les chemins et les rues des villes étaient jonchés de cadavres.*

Les sauterelles de 1866 pourrait donc avoir contribué à la famine qui a sévi en 1867.

Depuis 1865, les hivers, seule saison en Algérie qui donne à la terre la pluie nécessaire pour la féconder, avaient à peine assez détrempé le sol pour faciliter les labours.

Le ciel du printemps s'était montré d'une sérénité désespérante. Les Arabes se rendaient de tous côtés aux tombeaux de leurs marabouts, morts en plus grande réputation de sainteté, pour demander la cessation de cette sécheresse qui étiolait les orges et les blés. Leurs processions, composées uniquement d'hommes de plusieurs tribus réunies, s'avançaient précédées des drapeaux aux couleurs distinctives de chaque tribu. Ils marchaient en chantant des versets du Coran jusqu'au but de leur pélérinages. Mahomet n'entendit point leurs prières. Ils eurent recours à un moyen extrême, réputé chez eux infaillible pour amener la pluie. Ils plongèrent dans les rivières ou dans les puits leurs marabouts les plus vénérés ; mais le ciel vit ce traitement exercé sur ces saints personnages, sans se voiler de nuages, sans verser une larme.

Dans certaines localités, même les plus privilégiées pour l'eau, les sources avaient baissé d'année en année et avaient fini par tarir complètement.

Les puits diminuaient constamment, et les colons se trouvaient forcés, chaque mois, chaque semaine, de creuser à nouveau pour se procurer un peu d'eau potable. Dans ce travail, on a pu constater que les pluies ont été quelquefois aussi rares en Algérie. D'anciens puits arabes ont été nettoyés ; on a découvert, ce que les Européens n'avaient point encore fait jusqu'à ce jour, on a découvert, implantée au fond de chacun d'eux, une branche d'olivier en forme d'Y, probablement pour empêcher les éboulements, les Arabes ne maçonnant jamais leurs puits. J'en ai vu un dont on n'a pu, malgré l'abaissement extraordinaire du niveau de l'eau, retirer tous les débris de cruches, de gargoulettes, de pots cassés, enfouis depuis des jours dont on n'a plus souvenir. Preuve évidente qu'il y a eu des années plus sèches, avant la conquête.

Quoique la sécheresse, depuis 1865, n'ait pas atteint, en trois ans, ce degré extrême, elle a toutefois pu contribuer à la famine de 1867.

Cependant nous devons remarquer un fait. Les sauterelles ont étendu leurs ravages sur toute l'Algérie ; la sécheresse a régné sur toute la colonie ; toutes les populations ont eu également à souffrir de ces calamités. Mais les Européens n'ont pas ressenti les atteintes de la famine ; les Kabyles, ces montagnards indigènes que je pourrais comparer aux auvergnats, organisés comme les Européens en espèces de commune, habitant des villages construits en maçonnerie, ne possédant que des terres peu étendues sur le flanc de montagnes escarpées, n'ont pas souffert de la faim. Qui plus est, autour des centres européens, les Arabes que l'on plaignait tant pour les terres dont on les avait dit-on, dépossédés, ont à peine éprouvé quelques privations de plus que les années ordinaires.

Ce n'est que loin des centres européens, dans les régions où les Arabes nomades possèdent des espaces immenses de terre, que la famine a fait tous ses ravages.

Quelle pourrait donc être la vraie cause de la détresse horrible de cette seule partie de la population indigène, propriétaire d'une plus grande étendue de terrain que les autres? On a parlé du vice de leur organisation, des errements de leur administration. Nous n'avons pas à nous occuper ici de ces opinions diverses. Nous nous bornerons à présenter le tableau si triste des horreurs et des ravages de la famine, quelle que soit la cause qui l'ait produite.

II

Emigrations.

Le mois d'août 1867 finissait à peine ; l'épidémie étendait son voile funèbre sur toute l'Algérie, et déjà, dans les régions du sud, les Arabes avaient épuisé leurs silos, consommé leur dernier grain d'orge, leur dernier grain de blé. La terre, désséchée en cette saison par un soleil brûlant, ne leur offrait plus une plante, une herbe qui put servir à leur nourriture ; et leurs coreligionnaires les plus riches, observateurs peu scrupuleux des préceptes charitables du Coran, ne leur distribuaient que de rares secours.

Dans une position aussi fâcheuse, ces malheureux dûrent fuir ces contrées inhospitalières et tourner leurs regards vers des horizons plus heureux. Ils dirigèrent leur pas vers les lieux qui leur faisaient espérer des terres moins arides, des cœurs moins inhumains. A peine couverts de quelques haillons en lambeaux, sans provision aucune, ils entreprirent de franchir les espaces immenses qui les séparaient des centres européens. Tous les membres d'une même famille, réunis en groupes plus ou moins nombreux, cheminaient, silencieux et mornes, à travers les broussailles qui déchiraient leurs jambes et leurs pieds complètement nus.

Les hommes, n'ayant pour tout bagage qu'un *matraque*, bâton noueux dont l'Arabe ne se sépare jamais et dont il se fait trop souvent une arme terrible, les hommes, dis-je, marchaient peu soucieux des fatigues et des besoins de leurs familles en proie aux plus dures privations. Les femmes, chargées de leurs petits enfants accroupis sur leur dos comme des singes, se traînaient haletantes et épuisées. Les enfants, maigres et décharnés suivaient, mourants d'inanition.

Tous s'avançaient péniblement, lentement. Dévorés par une soif ardente sous ce ciel brûlant, ils n'avaient souvent pour la calmer que l'eau presque bouillante des mares croupies qu'ils étaient trop heureux de rencontrer. Pour tromper la faim qui du matin au soir torturait leurs entrailles, ils arrachaient quelques racines de plantes ; ils cueillaient et mangeaient avidement les rares herbes qui se trouvaient sous leurs pas. Hélas ! l'enfant à la mamelle pressait souvent en vain le sein de sa mère tari par des privations trop prolongées.

Dans les chaleurs étouffantes du milieu du jour, ils se couchaient à l'ombre de quelque lentisque, de quelque palmier, attendant qu'une légère brise vint rafraîchir un peu les ardeurs d'une atmosphère embrasée. Aux approches de la nuit, ils se couchaient sur la terre nue, roulés dans leurs méchants burnous, n'ayant d'autre abri contre les rosées, toujours abondantes en ces climats, que les branches de quelque olivier sauvage, au pied duquel ils attendaient, souffrants de la faim, sans proférer une plainte, un soupir, les rayons bienfaisants du soleil levant.

Quelquefois une pluie torrentielle inondait les plaines, les ravins. Trempés jusqu'au os, ces infortunés demandaient à un sol humide et boueux les douceurs d'un sommeil que les tourments de la faim éloignaient impitoyablement de leurs paupières. Parfois, sur les sommets des montagnes qu'ils franchissaient, une neige épaisse tombait à gros flocons ; les membres amaigris de ces malheureux se crispaient sous les impressions glaciales d'un froid intense et subit.

Ils arrivaient ainsi, par toutes les directions, autour des centres européens, exténués, presque nus, n'offrant que des ombres d'eux-mêmes ; ce n'était plus des hommes, des femmes, des enfants. C'était des squelettes !

Quels spectacles navrants et douloureux s'offraient de toutes parts aux regards attristés !

A Constantine, une pauvre femme arabe tenait sur ses genoux deux enfants qu'elle voulait allaiter, mais son état de misère et ses seins découverts accusaient assez que ces petites créatures étaient trompées dans leur espoir. La mère n'avait plus de lait. A ce moment vint à passer une dame française. Mue par un sentiment touchant, cette dame, qui était mère aussi, prit successivement chacun des deux enfants et les allaita de son propre sein. Pleine de modestie dans cette admirable action, elle s'était tournée le visage contre la muraille. Les Arabes qui l'entouraient ne pouvaient s'empêcher de l'admirer.

A Oran, un enfant expirait sur le sein de sa mère ! Hélas ! l'infortunée avait cherché en vain de quoi le rappeler à la vie ; les sources de la maternité étaient taries ! La mère, une de ces femmes arabes qui fourmillaient dans la ville, allait, de porte en porte, réclamer la charité ; son visage exprimait les angoisses de la faim ; ses vêtements, faut-il en parler, tombaient en lambeaux et cachaient à peine son sexe. A sa demande réitérée les sous pleuvaient, il est vrai, mais trop tard pour son enfant.

« Depuis le commencement de l'hiver, écrivait M. le curé de Marengo à Monseigneur l'Archevêque d'Alger, ma paroisse est assaillie par des bandes de mendiants indigènes qui errent sur la place et dans les rues et rôdent autour des maisons, demandant du pain. La plupart de ces malheureux sont desséchés et n'ont littéralement que la peau et les os ; ils n'ont pour toute nourriture que l'herbe des champs, les racines de palmier-nain et les chardons. J'ai vu, plus d'une fois, des groupes d'hommes et de femmes, armés de bâton, défendre les fossés de la route contre un troupeau de bœufs, pour s'emparer des mauves dont ces animaux faisaient leur pâture.

» Il y a une quinzaine de jours, une jeune femme, qui pouvait avoir dix-huit ans, se traîna à la porte des sœurs, ne pouvant plus dire que ce mot : *morto, morto*: c'était un squelette ; pour lui faire prendre un bouillon, on fut obligé de lui tenir les deux bras pour l'empêcher de l'avaler d'un seul trait ; ce qui l'aurait tuée. On le lui fit prendre doucement par cueillerées : malgré ces précautions, elle expira une heure après. Le même fait s'est reproduit, à quelques jours de distance, sur un homme d'une quarantaine d'années. Il y en a chez qui les ravages de la faim sont tels qu'aucun remède n'est plus possible.

« Cette misère effrayante porte les affamés à toutes sortes d'excès : un pauvre orphelin de sept ans errait dans la broussaille, traînant une chèvre et quelques kilos de fèves qu'il mangeait crues, seul héritage qu'il eût recueilli de ses parents. Les mendiants l'ont rencontré, ont tué la chèvre, mangé sa provision de fèves, et ont précipité le pauvre petit dans un profond ravin où ils ont cru le tuer. Les sœurs l'ont soigné, et il fera partie du convoi d'orphelins que je vais adresser à *Votre Charité.* »

» C'est le cœur navré, écrivait M. le curé de Ténès, que nous sommes obligés d'enregistrer des faits qui révoltent la nature et que nous avons été à même de constater dans les rues de Ténès, où nous avons vu des femmes ramasser ces grains non digérés qui se trouvent dans le crottin de cheval, les laver et les manger ensuite, des enfants disputer aux chiens des os trouvés dans des tas d'ordures, les casser et les avaler. Les feuilles de salades, de choux, de carottes souillées par les immondices étaient un régal pour eux...

» L'énumération de ces misères est trop affreuse pour qu'on puisse insister sur ce sujet, et les cadavres trouvés journellement sur les routes, dans les broussailles, dans les rues, cadavres maigris et décharnés, sont une preuve irrécusable de l'état de détresse où les Arabes sont réduits. »

M. le curé de Milianah écrivait encore : « Après l'épreuve du choléra qui a fini ses ravages dès les

premiers jours d'octobre, nous avous vu tout-à-coup
les rues de la ville envahies par une quantité d'indigènes de tout âge et de tout sexe, sollicitant qui
un sou, qui un morceau de pain, qui un vêtement
quelconque. Les plus affamés se jetaient avidement
sur les balayures des maisons, disputant aux chiens
les os et autres affreux et misérables restes. En
passant, un jour, devant les écuries de l'armée, j'en
ai vu de mes yeux fouillant dans le fumier et attendant, passez-moi l'expression, les excréments des
chevaux, pour dévorer et engloutir aussitôt quelques tristes grains d'orge. Enfin, Monseigneur,
l'une des choses qui m'ont le plus soulevé le cœur,
c'est la vue d'une mère, jeune encore, et portant
dans ses bras son petit enfant mort et sans ancun
vêtement, afin de provoquer davantage la charité
publique, et aussi d'une musulmane, suivie de ses
deux petits enfants, essayant de broyer quelques
os, depuis longtemps desséchés, pour en extraire
un peu de moelle, si faire se pouvait. »

Enfin M. le curé d'Affreville écrivait de son
côté : « On trouve chaque jour des cadavres sur
les routes. dans les fossés ou les rivières, dévorés
par la hyène ou les chacals. Hier encore, notre
docteur appelé pour faire l'autopsie d'un indigène
étranglé et laissé nu sur le chemin, a découvert le
cadavre d'un autre indigène à moitié mangé par
les bêtes fauves. »

Ces quelques tableaux tracés par des témoins
oculaires peuvent donner une idée de la détresse
générale.

La vue d'une misère aussi profonde suffisait,
hélas ! pour inspirer la plus grande compassion
envers ces malheureux. Cependant, pour exciter la
pitié, émouvoir davantage les cœurs sensibles en

leur faveur, ces infortunés ne craignirent point d'avoir recours à des moyens quelquefois ignobles et cruels.

Une mendiante indigène traînait avec elle un pauvre petit être malingre et souffreteux. Les soubresauts auxquels se livrait le malheureux petit, pendant qu'il poussait des cris déchirants, avaient éveillé les soupçons. On observe, et on aperçoit l'affreuse négresse stimulant les cris de l'enfant par des coups d'épingle qu'elle lui enfonçait dans la cuisse. Une plaie de quelques centimètres était entièrement meurtrie et saignante.

J'ai vu moi-même un de ces Arabes, jeune et robuste, poussant devant lui un enfant hâve et défait, et le pinçant pour le faire crier, afin que les passants, croyant que c'était la faim qui le tourmentait, se montrassent plus généreux.

Un autre tenait entre ses bras un enfant aux yeux creux, enfoncés, éteints, presque expirant. A la vue de ce pauvre petit ainsi exténué, maigre comme un cadavre, on s'empressait de donner du pain ; et le misérable passait ce pain à un autre Arabe, tandis qu'il laissait à dessein la pauvre petite créature s'éteindre lentement d'inanition.

Une femme arabe portait entre ses bras un enfant d'un certain âge, complètement nu. Des mères de famille émues jusqu'aux larmes d'une pareille situation, s'empressèrent d'aller quérir des langes et d'envelopper ce pauvre misérable qui mourait de froid. La même femme reparaissait le lendemain dans les rues tenant de nouveau dans ses bras son enfant tout nu comme la veille.

Citous, à la suite de ces faits qui révoltent la nature, les autres moyens employés par les Arabes pour provoquer la pitié publique.

L'un robuste et solide contrefesait le boiteux.
Courbé sur un bâton, il s'avançait péniblement,
traînant la jambe et tendant la main en soupirant.
L'aumône reçue, il se retirait plus péniblement
encore, mais, à une certaine distance, il se redres-
sait et se hâtait d'aller ailleurs exploiter de la même
manière la crédulité publique.

Un autre faisait le muet. Dans sa pantomime
éloquente, il tirait la langue, montrait le ciel pour
le prendre à témoin du malheur qui l'affligeait.
Quelques pas plus loin, sa langue parfaitement
souple et déliée pouvait très-bien dire tout haut
que le morceau de pain qu'il avait reçu était bien
petit.

Un autre fermait les yeux et se faisait conduire
par un camarade qui percevait ainsi sa portion de
la pitié publique pour l'aveugle prétendu.

C'était encore des blessures simulées, des membres enveloppés de chiffons, de linges ensanglantés;
des soupirs, des plaintes à fendre les cœurs les plus
durs. La pitié doutait de la réalité de toutes ces
infirmités, de toutes ces douleurs, mais elle ouvrait
toujours sa main à qui l'implorait.

Nous ne parlerons pas des Arabes dans la forc
de l'âge, chaudement vêtus, paresseusement couchés toute la journée, qui lançaient du matin au
soir de jeunes enfants, couverts de haillons, à la
poursuite des passants, pour demander avec d'in-
terminables *mesquïne* le *soldi* traditionnel, ou un
morceau de pain, destiné à entretenir leur indo-
lence et leur paresse. Ces infortunés...

III

Rapatriement

La charité privée s'épuisait en aumônes envers ces malheureux dont les obsessions se multipliaient avec leur nombre grossissant chaque jour. Des sociétés charitables s'étaient organisées partout pour venir en aide à tant d'infortunes. Mme la Maréchale de Mac-Mahon, duchesse de Magenta, donnait l'exemple du dévouement le plus touchant en servant elle-même à manger à ces pauvres affamés réunis dans un local que la pitié avait ouvert à leur misère profonde. « À Alger, écrivait, le 6 avril, Monseigneur l'Archevêque, nous nourrissons plus de *deux mille* indigènes. La société des dames de charité distribue des aliments à près de douze cents d'entre eux ; l'archevêché en secourt directement six cents, et mes divers asiles, mille environ. »

On peut juger par ces chiffres de la situation générale dans les trois provinces.

Bientôt, on s'aperçut que le nombre de ces malheureux qui affluaient de tous côtés vers les centres européens, avait grossi d'une manière inquiétante. Ils assiégeaient les portes des villes, grouillaient sur les places publiques, encombraient les rues, envahissaient tous les villages, inondaient les campagnes. Ces infortunés aux yeux caves, aux membres décharnés, enveloppés dans les derniers lambeaux de leurs guenilles, d'où s'exhalait une odeur nauséabonde, commençaient à s

devenir compromettants non-seulement pour la
sécurité, mais aussi pour la santé publique.

On dut songer à éloigner des villes et des campagnes ce vagabondage effrayant, inconnu des
peuples civilisés.

L'administration supérieure établit des postes mi-
litaires dans tous les villages pour protéger les récoltes. Elle prit ensuite des mesures énergiques
pour débarrasser les Européens de cette invasion
qui menaçait de devenir de plus en plus dangereuse,
elle ramassa tous les Arabes, hommes, femmes,
enfants qui circulaient dans les rues, à travers
champs.

Organisés en convois plus ou moins nombreux,
ils furent reconduits par les soldats dans leurs
tribus respectives.

Pour donner une idée de ces masses humaines
accourues vers les centres européens, il nous
suffira de citer Mostaganem où, du 30 septembre
au 4 octobre, c'est-à-dire en *cinq* jours, la totalité
des mendiants indigènes renvoyés de la ville,
s'était élevée au chiffre énorme de *mille deux cent
soixante-dix* hommes, femmes ou enfants.

N'ayant pas eu l'occasion de voir par moi-même
un convoi de ces malheureux ramenés dans leurs
tribus, je laisserai parler un témoin oculaire qui
raconte ainsi le départ d'Oran d'un de ces convois
de mendiants indigènes rapatriés par ordre de
l'administration.

« Les mendiants indigènes, étrangers à l'arrondissement d'Oran, ont quitté hier notre cité ; le
hasard m'a fait témoin de leur migration. Leur
nombre était considérable, beaucoup plus considérable que nous ne l'eussions supposé. Un employé
supérieur de l'administration nous a donné comme

officiel le chiffre de *deux mille cinq cents*, dont moitié appartenant à la subdivision de Mostaganem,
moitié à celle de Mascara.

» Nous allions du côté de St-Cloud, parArcole;
c'était la route que suivaient ces malheureux, se
rendant à Mostaganem. De notre vie nous n'avions
assisté à un spectacle plus navrant.

» Ils tenaient un espace de plusieurs kilomètres ;
allant par groupes, hommes, femmes, enfants, la
moitié demi-nus, presque tous demi-nus, se traînant plutôt qu'ils ne marchaient, n'apportant avec
eux aucun paquet, aucune harde, aucun ustensile,
aucune provision : c'était la misère la plus atroce,
la misère dans toute sa nudité, dans tout ce qu'elle
a de plus horrible; c'était même plus que la misère,
c'était l'ébétissement, résultat des souffrances phy-
siques : on voyait à leur terne regard que tous ces
estomacs étaient vides, que toutes ces têtes étaient
creuses, que toutes ces oreilles tintaient ces sons
étranges qui résultent des étreintes de la faim.
Lorsque des groupes d'hommes cheminent ensemble pour un commun voyage, ils égayent la route
quelquefois par des chants, toujours par des con-
versations ; on s'interpelle, on se communique ses
mutuelles impressions ; on sent la vie dans ces
hommes qui marchent ; ici, rien de tout cela ; nous
n'avons pas vu un sourire, même sur les lèvres
d'un enfant, nous n'avons pas entendu un mot ;
pas plus d'expressions de douleur que d'expressions
de joie ; chez tous, le morne silence.

» Nous étions plusieurs ; nous leur avons jeté
toutes les menues pièces de monnaie que nous
avions dans nos poches ; ils les ramassaient sans
même regarder d'où elles venaient, sans nous
adresser un regard ni un remerciement. Pas un

parmi cette foule qui ait fait un pas de plus pour suivre nos voitures, dans l'espoir d'obtenir davantage. J'avais un morceau de pain; je l'ai jeté en même temps que quelques pièces de 50 centimes : ceux qui étaient à portée se sont jetés de préférence sur le petit morceau de pain. Quelques-uns avaient de mauvaises pioches, elles paraissaient confiées aux mains des moins épuisés, qui s'en servaient pour arracher des racines de palmier que tous dévoraient avidement. Une malheureuse mère portait dans ses bras, l'étreignant comme pour le réchauffer, son enfant mort, probablement faute d'un morceau de pain, et auquel elle n'avait pas même pu donner une goutte d'eau à son agonie, car pas un dans ce groupe n'avait un récipient qu put en contenir un verr .

» Nous sommes repassés trois heures plus tard. L'étape qu'ils avaient parcourue n'était pas longue. Ils étaient divisés en plus de vingt campements, sur un espace de trois à quatre kilomètres ; c'était à la nuit tombante, ils avaient allumé quelques rares feux avec des broussailles, mais sur ces feux, pas une marmite, pas un aliment qu'on préparât; ils tentaient de raviver un peu, à la chaleur de la flamme, leur forces épuisées.

» Les hommes et les femmes avaient toujours la même attitude; quelques enfants pleuraient, sans nul doute, sous le coup des souffrances de la faim.

» Nous avions avec nous un jeune homme de quatorze ans ; ce spectacle l'avait tellement navré qu'il en a été malade.

» Je ne pense pas qu'en Europe on ait une idée d'une misère pareille; pour moi, mon imagination n'était pas allée jusqu'à admettre qu'une telle collectivité d'êtres humains fut jamais aux prises avec un dénument si atroce. »

IV

Victimes de la famine

C'est en vain que l'Etat avait avancé des sommes énormes à ces pauvres infortunés ; c'est en vain que la charité s'épuisait en aumônes. La famine exerçant partout son œuvre terrible, n'avait fait et ne faisait tous les jours que de trop nombreuses victimes.

Chaque jour, on relevait sur les chemins, dans les champs, et jusque dans l'intérieur des villes et des villages, les cadavres d'hommes, de femmes et d'enfants morts de faim. En présence d'une misère aussi profonde, on comprend facilement qu'il a dû y avoir un nombre très élevé de victimes de ce fléau. Pour en être convaincu pleinement, nous ne citerons que quelques localités.

Dans la province d'Oran, à Mascara, le 3 décembre, on relevait *dix* cadavres d'indigènes morts de faim. Le lendemain, *quatorze* avaient succombé d'une manière identique. Le surlendemain, *vingt-trois* de ces malheureux étaient portés au cimetière par leurs coreligionnaires qui ne se soumirent à cette corvée que par la force. Ce qui fait en *trois jours*, *quarante-huit* victimes. Tous ces morts gisaient dans des trous, au fond des ravins, sur les chemins, dans les ruisseaux même, et aussi dans un lieu que l'on appelle le Marabout de Sidi-Bouran, espèce de nécropole, tombe anticipée, où se traînaient et s'entassaient tous ceux qui sentaient leur fin approcher.

Pour cette seule commune de Mascara, du mois d'octobre 1867 au mois de mai 1868, on donnait, comme chiffre officiel, *deux mille cinq cent quarante Arabes morts de faim.*

A Relizane, dans la même période, il avait été constaté *mille trois cent cinquante-trois* victimes de la misère.

A Mostaganem, pendant le même espace de temps, on avait relevé *mille huit cent cinquante-trois* morts d'inanition.

Ces trois localités, qui ne représentent que le trentième de la population de cette province, donnent ainsi comme chiffre officiel, *cinq mille sept cent quarante-six* victimes. En établissant une simple proportion, on arriverait au chiffre effrayant de *cent soixante mille morts de faim dans la seule province d'Oran.*

Dans la province d'Alger, à Milianah, du mois d'octobre 1867 au 11 avril 1868, les décès des indigènes étrangers, morts de misère, décès constatés par les bulletins des inhumations s'élevaient à *mille deux cent sept.*

A Orléansville, au mois de janvier, le nombre des immigrants arabes morts de faim, dans l'intérieur de la ville, dans l'espace de *deux mois,* s'élevait à *quatre cents,* hors des murs ; *on ne comptait plus.*

Dans la même subdivision, un caïd qui comptait auparavant *trente-cinq mille* administrés, n'en comptait plus que *vingt-un mille.*

Mais qui fera la statistique des bandes d'affamés

qui ne trouvant même plus d'aliments immondes à dévorer, et trop affaiblis pour gagner le territoire de la colonisation ont péri de faim dans les fossés des routes, dans les broussailles, dans les solitudes immenses du territoire militaire. Par les quelques chiffres ci-dessus on peut se faire une idée du nombre d'hommes, de femmes et d'enfants, qui ont dû succomber d'inanition sur tous les points de l'Algérie.

Le *Moniteur de l'Algérie* gardant le silence sur les mois d'octobre, novembre, décembre 1867, accuse, pour les mois de janvier, février, mars, avril 1868, le chiffre général *approximatif* de *cent vingt-huit mille huit cent douze* Arabes morts de faim dans les trois provinces.

V.

Vols, assassinats, anthropophagie.

Le Gouvernement fit tous ses efforts pour soulager ces effroyables misères ; une somme considérable fut votée pour secourir la population arabe. L'administration ouvrit des chantiers afin de procurer du travail à ces malheureux et leur fournir les moyens de gagner du pain. Un très petit nombre se rendaient sur ces chantiers, et l'on n'obtint d'eux aucun travail sérieux; on était obligé de les garder militairement comme des condamnés.

La municipalité de Milianah essaya plusieurs fois de les occuper à ramasser le bois provenant de

l'élagage des arbres; pas un seul ne fit deux jour-
nées : presque tous, au repos de dix heures, exi-
geaient le salaire de la demi-journée et ne repa-
raissaient plus le soir sur le chantier.

Toutes les communes obtinrent à peu près les
mêmes résultats. Les colons, touchés de compassion pour ces malheureux, leur offraient aussi du
travail ; ils refusaient, ou, s'ils acceptaient, ils
faisaient une demi-journée, une journée au plus ;
le lendemain, ils disparaissaient.

Si l'Arabe fait jamais une révolution, à coup sûr,
ce ne sera pas pour réclamer le *droit au travail*.
Il est essentiellement paresseux : *Dieu, dit-il, a
fait le bœuf pour travailler et non l'homme.*

Par une conséquence rigoureuse, il est naturellement voleur ; les paresseux meurent ou pillent les
travailleurs.

Un caïd recevait un jour la visite d'un propriétaire, son voisin, qui venait se plaindre à lui des
vols de récoltes et de bestiaux dont il était sans
cesse la victime. Pour le consoler, le caïd lui
dit : « Je suis tout autant que vous victime des
vols de mes compatriotes. Que voulez-vous ? c'est
dans leur sang ! Tenez, voici une conversation
dont j'ai été témoin :

» Le général Yusuf, dans une de ses nombreuses
sorties vers le sud de la province d'Alger, repro-
chait à l'un des grands chefs, l'agha Ben Yahhia,
les habitudes pillardes des Indigènes. — Vous
serez donc toujours les mêmes, disait le général,
vous êtes incorrigibles ? vous volerez toujours !

« A quoi répond Ben Yahhia : — Mais, certainement, général, nous volerons ! nous sommes
Arabes, c'est dans notre sang. »

La grande misère régnante fournit naturelle-

ment à ces malheureux un prétexte de plus pour se
livrer à leur penchant pour le pillage et le vol.

Une bande de malfaiteurs arabes s'était organisée
pour voler, la nuit, dans les fermes, des bœufs et des
moutons, avec la viande desquels ils faisaient ensuite bombance. On soupçonna bientôt les habitants d'un groupe de gourbis dont la conduite avait
paru équivoque. La justice ordonna une perquisi-
tion dans ces demeures suspectes. Rien en entrant
ne sembla d'abord confirmer les soupçons. Mais
bientôt on fut en présence de vols nombreux commis depuis peu de temps. Un vieillard, se disant
malade, était couché sur un tas de paille. A ses con-
torsions, on aurait dit qu'il souffrait cruellement.
Cela ne paraissait pas naturel, on l'obligea à quitter son lit. On trouva, sous la paille et dans une
cavité pratiquée dans le sol, deux moutons et demi
et deux marmites de graisse. Ailleurs, en conti-
nuant les perquisitions, on découvrit, sous un tas
de paille de marais, des couffins pleins d'os et de
viande de bœuf et de mouton. Deux petits enfants,
quoique ayant tout l'air de dormir du sommeil de
l'innocence, dans un coin, furent déplacés, et au-
dessous d'eux apparut, adroitement dissimulée, la
peau d'un bœuf récemment tué. Six Arabes furent
arrêtés.

Dans une seule localité, sur vingt-quatre arres-
tations opérées dans une semaine, on en comptait
vingt pour vols de récolte. Ils trouvaient très com-
mode de cueillir ce qu'ils n'avaient point semé.

Les vols devinrent si nombreux que les prisons
étaient encombrées de ces pillards. J'ai entendu un
Arabe qui voyait conduire par la police un de ces
coreligionnaires surpris en flagrant délit, dire :
Français mahboul (fou) de mettre les Arabes en

prison ; les Arabes contents ; manger, pas tra-vailler, sortir gras kif kif allouf (comme des co-chons). *Toukar toukar besef* (frappez beaucoup) *avec le bâton.* Les Turcs y mettaient moins de façon ; d'après les *Annales de la congrégation de la mission à Tunis et à Alger*, lors du tremblement de terre de Blidah, en 1825, ils en pendirent *cent quatre* dans un jour pour vol.

Le vol ne conduit que trop souvent à l'assas-sinat. Dans ces douloureuses circonstances, les meurtres devinrent malheureusement très fré-quents, sur les routes et jusque dans les maisons.

Un Arabe presque nu, la figure souillée de terre, la gandoura ensanglantée, frappe violemment à la porte d'un colon, implorant du secours. Après avoir reçu les soins que nécessitait son état, cet indigène raconta ce qui lui était arrivé. Il venait d'être as-sailli par des Arabes qui suivaient la même route que lui. Après l'avoir terrassé, ils lui avaient enlevé son burnous et une somme de vingt-sept francs, fruit de ses économies. Les assassins croyaient bien l'avoir assommé, cependant l'un d'eux eut un scrupule, car il demanda un couteau pour lui couper la gorge ; fort heureusement les autres as-surèrent qu'il était bien mort ; toutefois, pour l'a-chever, s'il ne l'était pas, ils lui enfoncèrent de la terre humide dans la bouche et le poussèrent dans le fossé. Le malheureux n'avait repris ses sens que lorsque la fraîcheur s'était fait sentir. C'est alors qu'il était venu demander asile à la première maison qu'il avait rencontrée.

Un Arabe avait reçu l'hospitalité depuis deux jours dans une famille juive. Profitant du sommeil des deux époux, il essaya de couper le cou au mari. Éveillée par les râlements de son mari, la femme

vient à son secours, engageant avec l'assassin une
lutte disproportionnée ; les cris déchirants qu'elle
poussait amenèrent les voisins, les passants et la
police qui arrêta l'assassin.

Un autre assassinait un jeune indigène de 13 à
14 ans pour avoir son burnous. « Le mobile du crime,
disait M. le Procureur impérial, il n'est pas besoin
de le chercher longtemps, le costume de l'accusé
le crie assez haut. A peine couvert de guenilles,
il voulait un vêtement qui le garantit des atteintes
du froid. Il faisait nuit.... armé d'une énorme
pierre, tapi comme une bête fauve sur le bord du
chemin qui traverse le champ de manœuvres, il
attendait. Un enfant passe... la proie était facile,
il pouvait le dépouiller sans le tuer. Il n'avait qu'à
se présenter devant lui la menace à la bouche et à
l'instant la frêle victime lui eut livré ses vêtements,
et la nuit eut couvert de son ombre son vol et sa
fuite. Mais ce n'était pas assez pour cette bête
féroce ; il lui fallait la vue du sang, le spectacle
d'une agonie, l'ivresse du meurtre. Il se jette sur
l'enfant, il l'enlace de ses bras nerveux, il l'en-
traîne au bord de l'abîme et le précipite dans une
excavation profonde. Il lui écrase ensuite la poitrine en se laissant tomber sur lui de tout son poids.
Puis, comme l'enfant se débattait, il lui comprime
le cou de son pied puissant et lui fracasse la tête
à coups de pierres. Il s'asseoit ensuite près de la
victime, et pendant vingt minutes il se réjouit de
l'affreux spectacle de ce pauvre petit être luttant
avec la mort. Le voyez-vous accroupi au fond de
ce trou béant ; voyez-vous cette tête hideuse pen-
chée sur la victime, cet œil de gnôme couvant ses
convulsions, cette bouche de vampire, souriant à
ses tortures, aspirant les spasmes et les râles du

malheureux enfant ! Dans un effort, le pauvre
enfant s'était soulevé. De sa tête meurtrie, qu'il
tenait douloureusement appuyée sur ses petites
mains, s'échappaient des flots de sang qui ruisselaient le long de ses membres. L'autre le regardait !
Oh ! qui jamais pourra dire les angoisses et les terreurs de ce pauvre petit être déjà glacé par la mort
et sentant peser sur lui l'affreux regard de ce monstre ! Et ce supplice a duré vingt minutes ! Cet acte
de férocité inouïe place ce misérable en dehors
de l'humanité. Un pareil scélérat appartient au
bourreau. »

Pendant ces jours de misères et de privations,
ensanglantés par de pareils forfaits, il se commit
encore des actes plus monstrueux, plus horribles,
dont le récit seul fait frémir. Nous ne pouvons les
passer sous silence, afin de faire connaître complètement la situation matérielle et morale de ce
peuple dégénéré.

Dans la nuit du 9 au 10 février, à 6 kilomètres
de Mascara, sur la route d'Oran, dans une maison
non habitée, on a trouvé le cadavre d'un nègro, de
40 ans environ. Les chairs, depuis les genoux
jusqu'aux reins, avaient été enlevées. Près du cadavre, on voyait des cendres récentes et deux
grosses pierres couvertes de sang qui avaient, sans
doute, servi de billot. Un vieux couteau arabe
plein de sang, un morceau de fer blanc roulé ayant
servi de gril, étaient encore couverts de filaments
de chair cuite, ce qui prouvait que les assassins
avaient mangé ce qui manquait au cadavre.

Deux personnes dignes de foi appartenant l'une
à la population civile, l'autre à l'armée, ont rap-
porté le bisu l'épisode suivant. En entrant dans
une gourbi, elles reculèrent d'horreur devant un

spectacle des plus affreux. Aux solives de l'habitation pendait le cadavre d'un homme dont les pieds et les mains avaient déjà été amputés. Toute une partie du corps avait été taillée en lanières qui, enlevées et découpées, étaient à cuire dans des pots de terre, prêtes à être dévorées.

Un jeune Arabe de 16 à 17 ans, accusé d'avoir déterré le cadavre d'un enfant pour le manger, a avoué, devant le conseil de guerre chargé de le juger, qu'il avait fouillé une tombe fraîchement couverte, de laquelle un chacal retirait des morceaux de viande, et qu'il s'était nourri du cadavre de l'enfant. Il avait fait rôtir le foie et le cœur de l'enfant déterré, et il arrachait une cuisse par morceaux lorsqu'il a été arrêté par un agent de police.

Dans la nuit du 16 au 17 février 1868, une chèvre fut volée dans le troupeau du nommé Mohammed ben Nacer, Arabe de la fraction du Knada, tribu des Dahra, Mohammed s'étant aperçu, le matin, de la disparition de la chèvre, se mit à sa recherche avec deux autres Arabes, ses voisins. Tous trois, guidés par les traces qu'ils trouvèrent sur le sol, furent conduits jusqu'à un gourbi habité par la nommée Fathma bent Aïssa, son fils âgé de vingt-cinq ans et sa fille, âgée de seize ans.

N'ayant trouvé dans le gourbi ni la chèvre ni des restes accusateurs, ils firent des perquisitions à l'extérieur, et découvrirent dans un buisson peu éloigné un panier rempli de viande coupée en morceaux. Le panier ayant été retourné, il en tomba des pieds et des mains. Trois têtes qui avaient été flambées, comme les Arabes flambent les têtes de mouton, furent encore trouvées dans le même buisson. Les vêtements de ces victimes furent découverts dans un buisson peu éloigné du précédent.

Fathma, pressée d'expliquer la présence de ces cadavres mutilés, en cet endroit, raconta ce qui suit :

« Nous n'avions pas mangé depuis plusieurs
» jours, mes enfants et moi, quand Mohammed
» ben Ali et son frère Kadour vinrent nous pro-
» poser de tuer, dans l'intention de les manger,
» les enfants d'une autre femme arabe, âgés de
» six à huit ans. Nous y consentîmes, et nous
» mîmes ce projet à exécution dans un ravin situé
» à une petite distance de mon gourbi. La mère
» était survenue pendant que nous étions occupés
» à égorger ses enfants, nous nous décidâmes
» également à la tuer de peur d'être dénoncés par
» elle.

» Les trois meurtres consommés, nous coupâ-
» mes les cadavres en morceaux ; Mohammed et
» Kadour en prirent une partie et nous laissèrent
» l'autre ; les mains, les pieds et les têtes furent
» compris dans notre part. Aidée de mes enfants,
» je transportai ensuite chez moi la portion qui
» m'était échue en partage. J'en fis bouillir une
» partie que nous mangeâmes, et je mis le reste de
» côté afin de ne pas épuiser toutes mes provisions
» le même jour. Je fis également flamber les têtes
» et je les déposai dans le buisson où j'avais déjà
» caché la partie des cadavres que j'avais voulu
» conserver, et où ces restes ont été découverts. »

Dans la matinée du 9 mars 1868, M. le juge de paix de Tiaret, en recherchant les auteurs du crime commis sur la personne d'un indigène, dont le cadavre venait d'être trouvé sur la montagne de Sidi-Khaled, avait jugé utile d'entrer dans une tente isolée sur le flanc de la montagne. Dans cette tente se trouvaient un homme et une femme assis devant le feu sur lequel bouillait une marmite pleine de viande présentant à sa surface une couche de graisse assez épaisse. Des peaux de bouc remplies d'objets étaient accrochées dans le fond de cette cuisine. L'homme, interrogé sur le contenu de ces peaux, s'excusa de ne pouvoir répondre étant malade. Un gendarme se mit alors à les vider ; l'une renfermait deux burnous, un haïk et des chiffons complètement couverts de sang ; une autre contenait de la viande, qui fut bientôt reconnue pour de la chair humaine. On mit à nu le sol de la tente et on trouva le corps d'un indigène découpé par morceaux ; la tête, les pieds et les mains avaient été enlevés. On remarquait sur la terre de larges traces de sang, et le sol en était imprégné à une profondeur de cinq centimètres ; nul doute que la victime avait été égorgée depuis peu dans la tente ; la viande qui cuisait dans la marmite était de la chair humaine.

Pressée de questions par le magistrat, la femme finit par faire les révélations suivantes :

« La victime se nomme Mansour ben Mohamed.
» C'est un jeune homme de la tribu des Sahari-
» Charaga, qui, sur mon invitation, est venu
» dimanche soir nous demander l'hospitalité pour
» se rendre le lendemain au marché de Tiaret.
» Nous étions cinq personnes dans la tente.
» Mansour ben Mohamed nous donna une portion
» de farine qu'il portait avec lui et dont je fis des
» galettes pour tout le monde. Après le repas,
» nous nous couchâmes. Mais, à peine le pauvre
» Mansour fut-il endormi que mon mari et ses
» compagnons se jetèrent sur lui et le tuèrent sans

» qu'il pût souffler mot. J'ai vu le nommé Sahrouï
» lui étreindre fortement la gorge et lui couper le
» cou avec son couteau, pendant que les trois
» autres le tenaient pour l'empêcher de faire le
» moindre mouvement. Afin que l'on ne put recon-
» naître la victime, ils ont détaché les mains, les
» pieds, la tête, et sont allés les enfouir dans le
» ravin ; ils ont ensuite divisé les membres du
» cadavre et les ont coupés en petits morceaux en
» brisant les os avec une pioche ; puis ils ont fait
» griller le foie sur la braise et l'ont mangé immé-
» diatement. »

Dégoutante dégradation de cette race déchue !
Ce n'était point le manque d'autres vivres qui leur
faisait dévorer cette abominable nourriture ; les
agents de la justice trouvaient une cuisse de cha-
meau appendue toute fraîche dans la tente, et dans
la marmite qui bouillait sur le feu cuisait de la
chair humaine !

Le 23 mars 1868, un Arabe était à la recherche
de ses moutons. S'étant approché d'une tente, il
vit un objet étendu à terre au milieu de trois
Arabes, et il reconnut que ce que ces hommes con-
sidéraient avec une si grande attention, était le
cadavre d'un homme, auquel on avait coupé la
gorge et ouvert le ventre pour en retirer les entrailles. Il s'empressa d'aller raconter au bureau arabe
ce qu'il avait vu. Les Arabes qui l'avaient aperçu,
se hâtèrent de faire disparaître le cadavre avant que
les agents de la police fussent arrivés. Cependant, des
traces accusatrices étaient sur le sol ; il y avait
une pioche et un maillet ensanglantés, et, près du
foyer, de fortes traces de sang. S'étant mis à fouiller la tente, ils ne tardèrent pas à découvrir un
panier rempli de morceaux de viande humaine,

récemment découpés. Ils appartenaient à toutes les parties du corps : des jambes, des bras, des cuisses, des côtes, des genoux, des pieds et des mains, mais la tête manquait. Un des Arabes, à qui on demanda d'où provenaient ces débris, répondit. « *Ces débris sont ceux de mon frère, mort il y a peu de temps ! quant à la tête, nous l'avons fait cuire pour manger la cervelle et la viande.* »

L'instruction judiciaire a démontré que ce frère était mort depuis une dixaine de jours, et qu'il était âgé de plus de 45 ans ; tandis que les débris trouvés ne provenaient que d'un homme tout jeune et tout récemment assassiné par ces misérables.

« Ils sont d'autant plus coupables, dit l'officier chargé de l'instruction, qu'il est bien démontré qu'ils ont préféré se laisser aller à leur penchant pour la paresse qu'au travail qu'ils savaient pouvoir se procurer facilement à un chantier ouvert non loin de là. Ils ont mieux aimé assassiner un de leurs semblables pour se nourrir avec son cadavre ! »

Autre fait qui prouve que ce ne fut pas toujours le manque d'autre nourriture, mais bien l'absence de tout sens moral, qui leur fit manger de la chair humaine.

Le 27 avril 1868, on informait l'autorité militaire qu'un meurtre venait de s'accomplir dans les environs du campement d'une tribu dans le Hodna.

L'officier du bureau arabe prit immédiatement les dispositions nécessaires pour que les coupables fussent arrêtés. Peu de temps après, en effet, ils étaient amenés devant cet officier judiciaire, qui commença une instruction dont les résultats furent les révélations suivantes :

Un Arabe, ayant rencontré à peu de distance de son douar un indigène, l'avait assassiné ; après ce meurtre, il était allé chercher ses deux fils et les avait conduits sur le théâtre du crime pour se faire aider par eux à dépouiller la malheureuse victime ; alors, tous les trois découpèrent le cadavre morceau par morceau ; ils chargèrent ensuite le squelette sur un bourriquot appartenant à la victime pour aller l'ensevelir. Après avoir accompli cette horrible besogne, ils égorgèrent aussi le bourriquot. Les chairs de l'Arabe et du bourriquot furent immédiatement salées et mises dans la même peau de bouc où la justice, dans ses perquisitions, les trouva mêlées et confondues. Ces misérables auraient bien pu assouvir leur faim avec la viande de l'animal, sans y joindre l'affreux mélange de la chair humaine.

Le 3 mars 1868, un Arabe, nommé El-Aïd-ben-Koukha, avait disparu depuis une quinzaine de jours. Ses parents s'étant mis à sa recherche, entrèrent dans un gourbi situé près d'une koubba érigée à la mémoire du Marabout Sidi Abd-el-Kader. Ce gourbi était habité par Ali ben Kouïder avec sa femme Rekia, sa fille Zohra, âgée de dix ans et son fils Maamar âgé de cinq ans. Le premier objet qui s'offrit à leurs yeux fut un burnous qu'ils crurent reconnaître comme ayant appartenu à la personne qu'ils cherchaient. Ils se mirent alors à fouiller le gourbi, et ils trouvèrent des morceaux de chair qui leur parurent être des restes de chair humaine. De nouvelles recherches leur firent encore découvrir, enfouis sous du fumier, des intestins et des ossements qui leur semblèrent être aussi des débris humains.

Dénoncé au bureau arabe, Kouïder fut aussitôt arrêté.

Les révélations judiciaires dévoilèrent les horribles détails qui suivent :

Les dons des pèlerins qui venaient visiter la koubba dont il était le gardien devenant de plus en plus rares, à cause de la famine, Kouïder et sa famille ne se nourrissaient plus que de mauves ou autres herbes qu'ils ramassaient dans les champs. Le 5 février 1868, son neveu, jeune garçon de 9 à 10 ans, ayant perdu son père, vint lui demander l'hospitalité. Après avoir partagé le frugal repas de son oncle, le pauvre orphelin passa la nuit dans le gourbi, et dès le lendemain matin, Rekia, femme de Kouïder, l'envoya cueillir des mauves avec sa fille Zohra. Sur le soir, la mère et la fille s'étaient absentées quelques heures, laissant dans le gourbi l'enfant avec son oncle. Lorsqu'elles rentrèrent, il n'existait plus ; Kouïder l'avait égorgé, et en avait préparé un horrible repas auquel elles durent prendre part. Kouïder ne s'en tint pas à ce premier crime aussi abominable que révoltant.

Le 20 février, il ramenait à son gourbi un homme malade et paraissant se soutenir à peine. Cet Arabe n'était autre que El-Aïd-ben-Koukha dont la disparition amena, ainsi que nous l'avons vu ci-dessus l'arrestation de Kouïder.

La nuit était presque tombée, et il faisait au dehors un temps épouvantable ; aussi El-Aïd-ben-Koukha qui se plaignait de douleurs d'entrailles, semblait avoir plutôt besoin de repos que de nourriture. Après avoir mangé quelques mauves, il se coucha. Comme les douleurs qu'il ressentait ne se calmaient pas, Rekia s'approcha pour lui friction-

ner les reins ; en même temps, elle lui faisait
prendre la position que son mari, debout derrière
le malade, lui indiquait du geste, afin de pouvoir
frapper plus sûrement. Lorsqu'il le trouva convé-
nablement placé, Kouïder, s'armant de la meule
supérieure d'un moulin à bras, en asséna un coup
violent sur la tête de son hôte, et lui coupa ensuite
la gorge avec son couteau. Rekia aida son mari
à dépecer le cadavre, et aussitôt un repas de chair
humaine fut préparé et mangé par l'assassin, sa
femme et ses enfants.

Ce forfait avait eu pour témoin la sœur du
meurtrier, jeune fille de seize ans environ ; Kouïder
l'avait envoyé chercher par sa femme pour l'égorger comme il avait égorgé son neveu, et en faire
sa pâture. Le cadavre de El-Aïd-ben-Koukha
l'avait, pour ce jour là du moins, préservée du sort
qui lui était réservé. Tremblante et glacée de
terreur, elle avait vu, du fond du gourbi où elle
était placée, toute la scène sanglante. Avertie,
pendant la nuit, par Rekia de la mort qui l'attendait elle-même, elle s'enfuit, dès le matin, du
domicile de son frère.

Quatre jours après, deux nouveaux meurtres
étaient encore commis par Kouïder. Le lundi 24
février, au soir, il avait amené à son gourbi, sous
prétexte de lui donner l'hospitalité, une femme et
un jeune homme, son fils, qui étaient venus visiter
la koubba. Ce soir là, le froid était vif et la nuit
obscure. Après avoir mangé quelques mauves
bouillies, ils se couchèrent et s'endormirent. Profitant de leur sommeil, Kouïder frappa le malheureux jeune homme à la tête avec une meule de
moulin, mais le coup ayant porté à faux, la victime se mit à crier. Réveillée par les cris de détresse

de son fils, la mère voulut lui porter secours. Alors se passa dans cet abattoir humain une scène des plus émouvantes. Sur un ordre de son mari, Rekia se jeta sur cette infortunée et la saisit à bras le corps pour l'empêcher de porter assistance à son fils. Dans la lutte qui s'engagea entre les deux femmes, Rekia, ayant eu le dessus, précipita la pauvre mère dans un silos qni se trouvait dans le gourbi, et alla aider son mari à égorger le jeune homme. Ce crime accompli, vint le tour de la mère Comme le silos où elle avait été jetée était profond, et qu'il était impossible de la saisir avec les mains, le meurtrier y fit descendre sa fille qui passa une corde sous les bras de la victime. La malheureuse femme n'opposa aucune résistance : « Je ne tiens plus à la vie, s'écria-t-elle, puisque vous avez tué mon fils : mettez-moi près de lui et assassinez-moi aussi. » Elle fut alors retirée du silos, puis, lorsqu'elle fut au dehors du gourbi, Kouïder la renversa sur le sol, et après avoir ordonné à sa femme de s'asseoir sur les jambes de la victime pour empêcher ses mouvements, il lui plongea son couteau dans la gorge. Les deux cadavres furent immédiatement dépecés ; des lambeaux palpitants de cette chair encore fumante furent cuits et mangés sur le champ.

Là ne devait point se borner le nombre des victimes de ce monstre à face humaine.

Le vendredi, 28 février, Kouïder revenant du marché de El-Djemaa, ramenait chez lui un jeune homme qu'il assommait avec son bâton au moment où ils arrivaient devant son gourbi, et l'égorgeait aussitôt après. Dans ce nouveau meurtre, l'assassin n'avait pas même le prétexte de la faim ; car il se trouvait encore dans cet horrible charnier humain plusieurs morceaux des deux cadavres précédents. Celui de ce jeune homme, après avoir été dépecé, fut mis en réserve pour être mangé plus tard.

Le dimanche, 1er mars, Kouïder, qui était allé au marché des Beni-Madoun, rencontra sur ce marché un jeune garçon à qui il offrit une place de berger. L'enfant ayant accepté, ils prirent le chemin du gourbi. Chemin faisant Kouïder l'assassina avec une pierre et l'égorgea ensuite. L'assassin rentra chez lui portant dans son haïk les débris du cadavre ; c'était deux bras avec les épaules et deux cuisses avec les fesses. Il avait abandonné sur la route la tête, les jambes et le tronc ! ! !

Assez. Jetons un voile sur toutes ces horreurs. Des crimes si monstrueux laissent dans l'imagination une impression profonde d'épouvante et de dégoût ; victimes humaines égorgées avec un sang-froid qui exclut tout sens moral ; cadavres nageant dans le sang ; chairs palpitantes découpées en morceaux et salées ; repas affreux de ces viandes cuites et dévorées avec une sensualité ignoble et brutale ; tel est le dégoûtant tableau que présentent à la pensée attristée ces natures dont le sentiment religieux s'éteignant de jour en jour, n'ont bientôt plus pour raison que les appétits de la brute.

Le *Moniteur de l'Algérie* nous dit que les actes connus d'anthropophagie, qui se sont produits en Algérie, s'élèvent au nombre de SEIZE. La plupart des individus qui s'en sont rendus coupables ont succombé, dit-il, peu de jours après l'accomplissement de ces faits déplorables ; les autres ont été arrêtés. On peut affirmer, dit-il encore, qu'aucun Européen n'a été victime d'acte d'anthropophagie. Un seul Arabe a été accusé d'avoir cherché à enlever un enfant européen. Le coupable a été arrêté ; il a succombé peu de jours après et sans que l'on ait pu constater quelles avaient été ses intentions.

VI

Orphelinat Arabe.

D'après tout ce que nous venons de voir, il est douloureux de penser qu'on peut, sans exagération, porter à *cinq cent mille* le chiffre des Arabes morts du choléra ou de la famine, depuis le mois de septembre 1867 jusqu'au mois de juin 1868. Parmi ces trop nombreuses victimes se trouvaient des pères, des mères qui mouraient laissant après eux sans secours, sans asile, des enfants incapables par leur âge de pourvoir à leurs premiers besoins. Déjà un grand nombre de ces pauvres orphelins avaient péri dans les angoisses de la faim. A la pensée de ces infortunés, privés de leurs parents, abandonnés de leurs familles, repoussés de leurs tribus, n'ayant devant eux d'autre perspective que la mort, et une mort cruelle, un cœur brûlant de zèle et de charité s'émut vivement. Il voulut sauver ces pauvres petits êtres voués si jeunes aux tortures de la faim.

Le 17 janvier 1868, Monseigneur l'Archevêque d'Alger adressait à tous les membres de son clergé la lettre suivante :

« M. le Curé, vous avez appris déjà par les journaux que j'ai provoqué en France des souscriptions pour nos pauvres indigènes et aussi que la Charité

catholique répond généreusement à mon appel.
Grâce aux secours que la Providence m'envoie, je
vais pouvoir venir en aide à quelques-unes des
misères qui nous entourent et particulièrement aux
orphelins et aux veuves qui ont des enfants. J'ai
ouvert à Alger un asile pour recevoir les uns et les
autres, et je tiens à vous prévenir pour que vous
puissiez à votre tour prévenir avec prudence et
discrétion les sœurs et même, si c'est nécessaire,
les autorités civiles de votre paroisse. Je suis prêt à
recevoir gratuitement et à élever tous les orphelins
qui me seront envoyés, soit garçons, soit filles.

» Je n'y mets que deux conditions : la première
c'est qu'ils seront tout-à-fait orphelins de père et de
mère ou abandonnés de leurs parents ; la seconde
qu'ils seront âgés de moins de dix ans. Il serait
inutile de m'envoyer des enfants qui ne réuniraient
pas ces deux conditions ; l'expérience prouve assez
qu'avec l'esprit volage des Arabes, il est impossible
de les conserver passé cet âge dans nos établissements.

» Je dois aussi vous prévenir, pour éviter toute
méprise, que je ne veux pas faire baptiser les
enfants, et je vous prie de le dire aussi, Ils seront
élevés par nos sœurs ou par nos religieux, mis en
état de gagner leur pain, et lorsqu'ils auront l'âge,
ils décideront eux-mêmes la grave question de la
religion.....

» P. S.— Les orphelins pourront m'être envoyés
à l'Archevêché à partir de mardi prochain. Il suffit
de me les conduire par une personne très-sûre qui
devra porter un mot écrit par vous pour attester que
ces enfants sont vraiment orphelins ou enfants
trouvés. Je payerai tous les frais de voyage. »

Les nobles sentiments de charité qui dictèrent

cette lettre n'ont pas besoin de commentaires.

Les généreux désirs de Monseigneur l'Archevê-que furent largement satisfaits. De toutes les villes, de tous les villages de la province d'Alger, furent envoyés à l'Archevêché un grand nombre de ces pauvres petits abandonnés.

« J'ai pris pour ma part, disait ce digne Prélat dans sa lettre du 15 mars, à tous les Évêques de la Chrétienté, j'ai pris pour ma part et celle de l'Eglise, dans ce grand désastre, les pauvres veuves chargées d'enfants et surtout les petits orphelins.

» J'ai ouvert à ces derniers un vaste asile où ils arrivent tous les jours en grand nombre. Déjà *huit cents* ont été recueillis par moi ; et, si, comme cela èst à craindre, jusqu'à la moisson du moins, la misère des Arabes continue, ce nombre sera de beaucoup dépassé.

» C'est une lourde, bien lourde charge, je le sais, mais je compte, pour m'aider à la porter, sur la charité des Catholiques, et je sais qu'elle ne me fera pas défaut.

» S'ils voyaient, comme moi, de leurs yeux, lorsque ces enfants nous arrivent, ces pauvres petits corps décharnés, ces visages pâlis par la faim, la trace de la maladie dans tout leur être, ils seraient touchés d'une tendre pitié.

. . . .

« Entre les mains de nos bonnes sœurs, toutes ces misères disparaissent, la santé et la joie renaissent avec une nourriture plus abondante. Des vêtements chauds remplacent les haillons sordides dont les orphelins étaient couverts. Leurs mains s'appli-quent au travail. »

Dans une autre lettre, du 6 avril, à M. le Direc--

teur de l'Œuvre des écoles d'Orient, Monseigneur
l'Archevêque disait :

« Le nombre des pauvres petits enfants recueillis augmente chaque jour, et ayant dépassé le
chiffre de *mille*, j'ai dû songer à donner à mon
œuvre un caractère d'ordre et de stabilité, que les
premiers moments, où tout était improvisé, ne
comportaient point encore.

. . . .

» J'ai pensé qu'il convenait d'avoir pour nos
orphelins deux établissements distincts, l'un pour
les jeunes garçons au-dessus de six ans, et l'autre
pour les filles et pour les garçons tout-à-fait en bas-
âge. Le premier de ces établissements est confié
aux Frères des Ecoles-Chrétiennes. . . . .
Les orphelins y sont formés à l'agriculture
ou autres arts ou métiers qui s'y rapportent, de
façon à pouvoir un jour gagner facilement et
utilement leur vie.

» Les filles sont confiées avec les tout petits
enfants aux Sœurs de la Doctrine Chrétienne. Elles
seront également formées aux travaux des champs
et aux soins divers d'un ménage rustique, Je ne
veux à aucun prix en faire des ouvrières de ville,
et à cause des périls presqu'insurmontables qu'une
pareille position présenterait pour elles, et parce
que ce qu'il faut ici, avant tout, ce sont des familles de colons européens et aussi des colons indigènes, si on en peut former dans l'avenir.

» ... Si cette œuvre persévère, si le concours
de la charité qui l'a créée ne nous fait pas défaut,
si ces enfants ne nous sont pas enlevés, comme
quelques-uns nous en menacent, nous aurons là,
dans quelques années, une pépinière féconde
d'ouvriers utiles, soutiens, amis de notre colonisa-

tion française, et, disons le mot : d'Arabes chrétiens. Ces pauvres enfants, profondément ignorants
de toutes choses, de celles de leur religion comme
de toutes les autres, n'ont, en effet, même à ce
point de vue, aucun préjugé, aucune répulsion
contre nous, et je ne doute pas qu'instruits par nos
paroles, par nos exemples, ils ne demandent un
jour eux-mêmes le baptême. Ce sera le commencement de la régénération de ce peuple et de cette
assimilation véritable que l'on cherche sans la
trouver jamais, parce qu'on la cherche avec le
Coran, et qu'avec le Coran, dans mille ans, comme
aujourd'hui, nous serons des *Chiens de Chrétiens*,
et il sera méritoire et saint de nous égorger et de
nous jeter à la mer.

. . . .

» Or, en ce moment, il faut bien que je le dise,
pour faire vivre les *mille* orphelins, recueillis par
moi, durant une année, il me faut *deux cent mille*
francs. Le pain seul, au prix où nous le payons, et
je parle du pain des pauvres, coûtera plus de
quatre-vingt mille francs.

. . . .

» J'ai foi dans la bonté de Dieu qui ne m'aban-
donnera pas, dans celle de mes vénérables collègues
de l'épiscopat, dans celle de nos œuvres françaises
et catholiques; et pourquoi ne le dirais-je pas?
Je viens de trouver dans le clergé aussi courageux
que dévoué de mon pauvre diocèse, un concours
vraiment admirable que je veux vous faire connaître, pour son honneur et celui de l'Eglise, qui
seule peut donner de pareils spectacles.

» ... Des prêtres de tout âge et jusqu'à des
vieillards de soixante-dix ans ne craignent pas de

traverser les mers, d'aller en Amérique, aux Etats-
Unis, aux Antilles, au Canada, en Angleterre
pour cette croisade de Charité.

. . . .

» ...... J'espère que les envoyés de ma pauvreté
trouveront dans les pays, vers lesquels ils dirigent
leurs pas, un cordial accueil, et si ces paroles
publiées par la presse française, tombent sous les
yeux de nos frères des autres nations catholiques,
j'ose leur demander d'entourer de leur bienveil-
lance et de leur respect ces représentants de ma
malheureuse Eglise d'Alger. »

L'*Echo de Notre-Dame-d'Afrique*, dans son nu-
méro du 8 novembre 1868, dit, en parlant de cette
œuvre ;

De nouveaux orphelins viennent d'être recueillis
par Mgr l'Archevêque dans les divers asiles que
leur a ouverts son inépuisable charité. Ces établissements sont plus qu'en voie de prospérité, ils
produisent déjà leurs fruits. « Votre Grandeur,
disait dernièrement un voyageur en les visitant,
peut les montrer à ses amis, comme à ses ennemis
si Elle en a. » Que ceux qui conservent encore ce
préjugé, qu'on ne peut rien faire des Arabes, même
lorsqu'on les prend dès leur jeunesse, se transpor-
tent à Ben-Aknoun et à Saint-Eugène : ils verront
avec quel ordre, quelle docilité, nous dirons quelle
adresse, ces enfants se livrent à tous les travaux de
la campagne, même à ceux de la construction et
des métiers mécaniques. L'avenir de l'Algérie est
là, sans aucun doute. Il est vrai qu'il ne fallait pas
moins, pour concevoir, entreprendre et accomplir

une œuvre pareille, que le dévouement religieux, avec ses maternelles entrailles, son abnégation, ses vues supérieures. Le vrai patriotisme vient de Dieu : c'est en Dieu qu'il trouve sa force, sa lumière sa fécondité. »

ÉPILOGUE.

———

Ainsi la mer a ses tempêtes ; au fort de la tourmente, la pirogue du sauvage battue par les vagues en courroux s'abîme bientôt dans les ondes ; le navire de l'homme civilisé luttant, sous l'impulsion de l'intelligence, contre la violence aveugle des flots, triomphe le plus souvent des éléments déchaînés, abandonnant à peine à leur fureur un tronçon de mât, un lambeau de voile.

Aux jours de l'orage et de la tempête succèdent les jours plus nombreux de la sérénité et du calme.

L'Algérie a eu ses désolations profondes, ses douleurs immenses. Nous venons de les retracer dans toute leur horrible verité. Nous dirons, dans d'autres pages, ses beautés et ses charmes inconnus aux climats les plus heureux, son ciel pur et limpide, son soleil resplendis-

sant de lumière, sa terre d'une fertilité inépuisable
Nous montrerons un peuple dégénéré pouvant, au con-
tact de la civilisation, secouer un jour sa torpeur sécu-
laire, et une population active répandant déjà sur de
vastes espaces, hier encore solitudes silencieuses, le mouvement et la vie. Nous montrerons aussi un sol longtemps abandonné aux caprices d'une fécondité exubé-
rante, nuisible, se couvrant, au souffle puissant de l'intelligence et du travail, des productions les plus utiles,
les plus riches et les plus variées. Nous reposerons les
yeux sur des visages brillants de santé dans ces régions
naguère pestilentielles où la fièvre dévora des générations
entières. Nous dirons encore une végétation splendide
luxuriante de verdure en toutes saisons, des hivers plus
doux que le printemps de la mère-patrie, des effluves
enivrantes, émanant de toute cette nature caressée par
une brise attiédie, qui imprègnent l'âme et, loin de ce
beau ciel, lui font rêver le retour.

TABLE

—

III. Choléra.

IV. Famine.

Épilogue.

IMPRIMERIE CENTRALE ALGÉRIENNE. — EUG. GARAUDEL.

POUR PARAITRE PROCHAINEMENT

HISTOIRE

DES

BEAUTÉS DE L'ALGÉRIE

SA TERRE,

SA POPULATION INDIGÈNE ET EUROPÉENNE,

SON CLIMAT

PAR

l'abbé Burzet,

Curé de Chebli (Algérie)

⚭